Comunicación

Un manual útil para desarrollar y mejorar su estilo de hablar en las relaciones

(Aprende a hablar con cualquiera y cómo desarrollar tu carisma)

I0385573

Julião Castañeda

Tabla De Contenidos

Mails Efectivos 1
Branding Corporativo 12
Tener Una Sólida Identidad Y Límites 40
Tener Una Estrella Del Norte En Tu Vida 43
Aprende An Escuchar El Lenguaje Corporal 46
Cuando Su Pareja No Presta Atención 65
Escenarios Y Situaciones Frecuentes De Comunicación En Aulas Virtuales 77
El Campo De La Interpretación 89
El Campo De La Electroquímica De La Comunicación 97
La Sexualidad Y La Intimidad En La Edad Avanzada 108
La Intimidad Y Las Relaciones Diversas 112
Cómo Evitar O Resolver Malentendidos 118
La Comunicación Organizacional 135

Mails Efectivos

Debido a que los correos electrónicos son uno de los medios más utilizados para comunicarse en la actualidad, he decidido dedicar solo un capítulo an este tema.
El uso de correo electrónico es algo interesante. No hay muchas personas que aprendan an escribir correctamente un correo electrónico, pero todos usamos esta herramienta en algún momento. A continuación, expondré algunas reglas básicas para escribir y enviar correos electrónicos.

Para mejorar la vida de aquellos que lo leen

Un correo electrónico debe ser claro y sencillo. Se trata de enviar un mensaje a alguien y que, al menos, el simple hecho de leerlo no complique la existencia de esa persona. Simplemente expresemos nuestra intención.

Si alguien recibe alrededor de 100 correos electrónicos al día, y el correo electrónico que enviamos es una epístola de 90 líneas, no lo motivará a leerlo. Si, además, nos perdemos en explicaciones y divagaciones por el deseo de que nos entiendan mejor, es probable que si lo lee no termine.

El secreto está en escribir correos electrónicos simples y claros en los que solo digamos lo que queremos que nos entiendan.

Escriba siempre "asunto".

Una de las malas costumbres an eliminar es no escribir nada en la casilla "asunto" o escribir algo tan confuso como para no saber de qué trata exactamente el correo electrónico.

El "asunto" debe describir con pocas palabras el propósito específico del correo electrónico. La respuesta a la pregunta "para qué le enviamos el correo electrónico an esta persona" es "asunto". ¿Por qué enviamos el correo electrónico?

No muchos párrafos

Debemos acostumbrarnos a que los correos electrónicos sean breves, sencillos y claros. Los párrafos son una forma de dividir conceptos o ideas dentro de estos parámetros. Estos deben ser breves.

Aproximadamente el 60% del marco visual se utiliza

De esta manera evitamos que la persona que lo lea se sienta saturada y agobiada. Es un plan visual. Se nos quitan las ganas de leer el correo electrónico al ver su ventana saturada.
Dejamos que el correo "respire".

Utilice negritas y subrayados.

Si tenemos estos recursos a nuestro alcance, ¿por qué no los utilizamos? El uso de negritas y subrayados ayuda an aclarar el mensaje. Podemos destacar las frases que son más significativas para el propósito del mensaje. Un tema claro y un buen uso de negritas y subrayados darán una buena idea de lo que queremos comunicar, incluso si la persona que lo lee no tiene mucho tiempo.

Examine detalladamente el contenido del texto.

Esta es una excelente opción para resumir lo que leerá la otra persona a continuación. Una forma sencilla de adelantarle las ideas que queremos comunicar es crear un pequeño índice. Por lo tanto, podemos detectar su interés de inmediato y, en caso de que no lo pueda leer en ese momento, lo guardará para más tarde.

Utilice los adjuntos.

Pudiendo adjuntar cualquier tipo de archivo, no es práctico escribir correos electrónicos de 80 líneas. Un buen método para enviar información es usar archivos adjuntos, que nos brindan todo el espacio necesario sin saturar el correo electrónico.

Escribimos las ideas clave en el cuerpo del mensaje. Las creamos en el archivo adjunto.

Por lo tanto, el lector del mensaje no tiene por qué leer todo el contenido al principio. Además, tiene la opción de guardar, exportar o copiar el archivo adjunto, lo que le permite borrar o archivar el correo electrónico despejando la bandeja de entrada.

Nunca utilice mayúsculas en sus escritos.

Esta es una de las reglas de cortesía en los correos electrónicos. La razón por la

que no se recomienda escribir en mayúsculas en realidad es porque los textos que están escritos en mayúsculas son más difíciles de leer.
Es posible que nos malinterpreten también. ¿Grita? ¿Enfadado? Es preferible utilizar el subrayado y la negrita si deseamos destacar algo.

No use signos de puntuación demasiado.

Un uso incorrecto o insuficiente de los signos de puntuación indica un desconocimiento del uso de estos signos. Las comas, los puntos, los dos puntos, el punto y la coma, las comillas, los paréntesis, los signos de interrogación, exclamación, puntos suspensivos, los puntos suspensivos y el guión se deben usar en su medida adecuada. De la misma manera que ayudan an ordenar y aclarar un mensaje, también pueden provocar interpretaciones incorrectas. El sentido completo de una frase puede verse alterado si se usa mal una coma.

Revise a quién copiamos la correspondencia.

Las copias tienen doble filo. Hay personas que tienen la costumbre de enviar copias de su correo electrónico a todos. Se utiliza también como técnica de presión. "Si le envío este correo electrónico a Fulanito con una copia a su jefe, seguro que me prestará más atención".
También se usan para cubrirnos las espaldas. Un mal uso de las copias puede tener un efecto negativo.
El tema de las copias es complicado. Cada organización tiene sus propios protocolos, pero en general, el campo "Para:" es donde debemos poner la dirección de correo electrónico de la persona a la que va dirigido el correo electrónico. Las copias son para aquellos que no reciben correo electrónico, pero es útil que conozcan su contenido.

Carpetas

Esta noción no es una regla universal. En cambio, es una recomendación para la organización. No funciona una bandeja de entrada con 300 correos electrónicos. La opción de archivar mensajes y crear carpetas está disponible en todos los gestores de correo electrónico. Tener el hábito de organizar nuestros correos electrónicos en carpetas es conveniente. Podemos hacerlo con cualquier tema, área de negocio, cliente, proveedor o individuo que nos guste y sea más útil para nosotros. Esto facilitará la búsqueda y organización posterior de mensajes. Se limpiará la bandeja de entrada. Una vez leído el mensaje y completada la tarea, lo borramos o lo trasladamos a la carpeta correspondiente si así lo requería. Además, es conveniente revisar las carpetas una vez al año y borrar los mensajes que ya no necesitamos.

Evite correos innecesarios.

Gracias a los filtros que nos brindan los propios gestores de correo, cada vez es menos común recibir correos basura. Si recibimos un correo electrónico con un chiste o algo divertido, no lo enviaremos de nuevo. La cadena se ha roto. Este tipo de correos electrónicos son irrelevantes y pueden causar virus al saturar el servidor y congestionar el tráfico.

Entiendo que a veces queremos compartir un correo electrónico "gracioso" con alguien. Cuidamos cuidadosamente a quién se lo enviamos y a qué dirección de correo electrónico se lo enviamos. También no es agradable recibirlo en la oficina.

En general, no a los correos basura.

Leerlo varias veces.

Antes de enviar un correo electrónico, siempre revise su contenido. Esto verificará si estamos transmitiendo el mensaje que queremos. Si el concepto es evidente. Nos permite revisar el texto para posibles errores de ortografía o autocorrección. Mucho cuidado con los correctores automáticos, ya que las faltas de ortografía son imperdonables. ¿Cuántas veces el autocorrector ha cambiado una palabra por otra, distorsionando el mensaje?

Un caso real:

Se suponía que se decía: "Hemos invertido X dinero en la equipación de la UCI".
"Hemos invertido X dinero en la equitación de la UCI", se leía en el correo electrónico.

Además, nos permite verificar si los signos de puntuación se han utilizado correctamente y si los archivos adjuntos se han subido correctamente.
A diferencia de una conversación hablada, los correos electrónicos nos brindan una segunda oportunidad. Usemos esa oportunidad.

firmar la carta

Aunque es obvio, no todos firman sus correos electrónicos. Tenemos que firmar un correo electrónico, al igual que si escribiéramos una carta. "Pero si ya aparece nuestro nombre en quién lo envía". Es aceptable, sin embargo, la firma no está relacionada con esto. Asumimos la autoridad y la responsabilidad del mismo al firmarlo. Es la mejor manera de terminar un correo electrónico.

Recuerda que seguir estas simples recomendaciones hará que tus correos electrónicos sean más claros, fáciles de leer y entender y, por lo tanto, más efectivos a la hora de ser interpretados correctamente.

Branding Corporativo

Paul Capriotti, nacido en Argentina.

Introducción

Las organizaciones deben enfocarse en desarrollar una fuerte, coherente y distintiva Identidad Corporativa (de sus productos y/o servicios y de la organización en sí misma) y comunicarla adecuadamente a sus públicos. En los países anglosajones, el "branding" es el término genérico para este proceso de gestión (identificación, estructuración y comunicación) de los atributos propios de la identidad para establecer y mantener vínculos relevantes con sus públicos. En este sentido, el concepto de "branding" se puede aplicar a cualquier entidad susceptible de realizar una acción de "gestión de atributos de identidad", no solo al nivel de los productos o servicios de una entidad.

Por lo tanto, según se esté gestionando los atributos de identidad de un producto o servicio, de una organización, de un sector de actividad o de un área geográfica (a nivel de ciudad, región o país), el branding puede desarrollarse a diferentes niveles. En lugar de establecer jerarquías o niveles de importancia, esta distinción presenta una estructura que integra diversos niveles de actividad, desde lo básico (un producto) hasta lo complejo (un país). Por lo tanto, el término "Branding Corporativo" se refiere principalmente al nivel organizacional, aunque las ideas generales y las prácticas de trabajo pueden aplicarse a cualquiera de los diferentes niveles de branding.

Se requiere una acción planificada y coordinada para lograr que los públicos conozcan la Identidad Corporativa de la organización y tengan una Imagen Corporativa que sea acorde a los intereses de la organización, que facilite y posibilite el logro de sus objetivos, ya que la gestión de activos intangibles es cada vez más importante para el éxito de una organización.

Cuando hablamos de gestión, planificación o estrategia de identidad corporativa, nos referimos a la gestión de los activos disponibles en la organización (la identidad corporativa y la comunicación) para intentar influir en las asociaciones mentales que tienen nuestros públicos. Se requiere la creación de una Estrategia de Identidad Corporativa adecuada para la organización, que es un proceso metódico y constante de planificación de la identidad y la comunicación de la organización, que permite establecer los parámetros básicos de actuación de la organización.

Los elementos clave de la estrategia

El plan estratégico de la identidad corporativa debe basarse en fundamentos sólidos y claros para que se pueda actuar de manera efectiva.

Podemos establecer los objetivos globales principales que guiarán la gestión estratégica de la Identidad Corporativa. Estos componentes principales son:

La identificación: la organización buscará que sus clientes la reconozcan y comprendan sus características (quién es), sus productos, servicios o actividades (qué hace) y cómo la organización hace sus productos o servicios (cómo lo hace). En este sentido, el objetivo de la organización es "existir" para el público.

Diferenciación: la organización debe intentar que sea percibida de una manera diferente a las demás, ya sea por lo que es, lo que hace o cómo lo hace. Esto implica "existir" para los públicos. En otras palabras, la entidad debe trabajar para diferenciarse de las demás en su mercado, categoría o sector de actividad.

Referencia: tanto la identificación como la diferenciación buscarán que la organización se posicione como referencia en su sector de actividad, mercado o categoría. Esto significa que la organización es considerada por el público como la que mejor representa las características de una categoría o sector de actividad específico. En este sentido, convertirse en la "referencia" significa estar en una mejor posición para obtener la preferencia porque es la organización que más se acerca al ideal de ese mercado, categoría o sector de actividad.

- Preferencia: la identificación, la diferenciación y la referencia deben intentar lograr la preferencia del público. La empresa no solo debe trabajar para ser reconocida, sino también para ser preferida por sus compañeros, lo que significa que debe ser una opción confiable. La identificación y la diferenciación no tendrían sentido si una organización es reconocida y diferenciada pero no puede ser una opción de elección. Por lo tanto, la identificación, la diferenciación y la referencia deben ser competitivas, es decir, valiosas para el público, mejores que las demás y duradera. En la gestión estratégica de la identidad corporativa, la preferencia es un concepto fundamental porque nos permitirá elegir el liderazgo, que debe ser un objetivo importante en la estrategia global de la organización.

Todo plan estratégico de imagen corporativa creado por una organización debe estar destinado a maximizar estos objetivos principales. Sin embargo, cualquier acción destinada a crear, fortalecer o cambiar una imagen corporativa específica no ayudará an alcanzar los objetivos finales de la organización.

Gestión de la Identidad Corporativa de manera Estratégica

Los principales modelos de gestión de identidad y comunicación (Aaker, 1994 y 1996; Van Riel, 1997; Keller, 1998 y 2008; Villafañe, 1999; Marion, 1989; Kapferer, 1992 y 1994; Arnold, 1994; Davis, 2002; Sanz de la Tajada, 1996; Capriotti, 1992, 1999 y 2009) se utilizaron como referencia y punto de partida para desarrollar un planteamiento estratégico para la gestión de la identidad corporativa. Este modelo se compone de tres etapas principales: a) Un análisis de situación estratégica, b) una definición del perfil de la identidad corporativa y c) una comunicación del perfil de la identidad corporativa.

Análisis de situación estratégica

El Análisis Estratégico de Situación implica la investigación sistemática para describir y comprender la organización, el entorno, los públicos y la imagen corporativa. Este análisis es esencial para la estrategia de identidad de la empresa. Sin investigación, no sabemos dónde estamos, a dónde queremos llegar, ni cómo llegar allí. Por lo tanto, sin investigación no hay planificación estratégica, ya que las decisiones se basarán en suposiciones o intuiciones, y es probable que la planificación sea parcial y a corto plazo, con el objetivo de solucionar problemas a corto plazo. En esta etapa, definiremos la Identidad Corporativa de la organización (Análisis de la Organización), analizaremos el entorno general y competitivo de la organización (Análisis del Entorno), analizaremos los públicos de la organización (Análisis de los Públicos) y evaluaremos qué imagen corporativa tienen los públicos de la organización y de otras organizaciones en el mercado, categoría o sector de actividad. Finalmente, realizaremos un diagnóstico de situación.

Análisis organizacional: Toda organización debe comenzar "por su propia casa" al plantearse un trabajo específico de gestión estratégica de la

Identidad Corporativa. Es imperativo que se tenga claro qué es, qué hace y cómo lo hace, así como sus valores, creencias y normas de conducta. En conclusión, es necesario analizar y considerar lo que la organización es y quiere ser.

Reconocer nuestra identidad como organización (sus aspectos centrales, duraderos y distintivos) dentro del entorno competitivo y social en el que vivimos es necesario para establecer dicha Identidad Corporativa. La definición de la Identidad Corporativa esencial es un componente crucial de la estrategia de Identidad Corporativa porque es la base de la comunicación global y unificadora que utilizará la organización. Es la idea clave que debemos enseñar a todos los miembros de la organización.

El objetivo del análisis de la organización es identificar y estudiar los aspectos centrales (centrales, duraderos y distintivos) que definen sus características específicas, así como establecer las creencias y valores fundamentales de la organización.

Por lo tanto, para poner en práctica el análisis y definición de la Identidad Corporativa, debemos abordar sus dos componentes fundamentales: a) La filosofía corporativa es la concepción global de la organización que se establece desde la alta dirección para alcanzar las metas y objetivos de la organización (misión, visión y valores corporativos). Esta filosofía establece los principios fundamentales de la acción de la organización. b) La cultura corporativa es el conjunto de valores, creencias y normas de comportamiento compartidas y no escritas que rigen a los miembros de una organización y se reflejan en su comportamiento. La cultura corporativa representa los principios que están presentes en la organización. Los diversos componentes que las componen deben analizarse, ajustarse, desarrollarse y/o modificarse. Pero será necesario "encajar" ambos, además de su estudio individualizado. Además, la organización debe determinar si existe una discrepancia entre la filosofía corporativa actual y la cultura corporativa existente. Si hay discrepancias, se deben buscar soluciones para corregirlas, ya que las disparidades entre la filosofía corporativa y la cultura corporativa actual tendrán un impacto negativo en la percepción de los clientes de la organización.

Análisis de competencia y entorno: La información que proviene de la organización y se transmite de manera adecuada a la población es una parte importante de la forma en que se forma la imagen de la organización, y también es un factor muy controlable en cuanto a sus contenidos y difusión. Sin embargo, esto no implica que esta información sea la única o la más significativa que influye en la percepción de los espectadores. La información que se transmite a través de varios medios y generada en el entorno de la entidad puede tener un impacto significativo en la forma en que se forma una percepción positiva o negativa de la organización. Otros grupos pueden luchar por la atención del público; eventos imprevistos pueden atraer la atención del público e incluso los medios de comunicación masivos pueden ejercer su poder.

Por lo tanto, es necesario realizar un análisis de los elementos de comunicación del entorno competitivo y general de la organización. Por lo tanto, se deberá realizar un análisis del entorno en general y un análisis de la competencia en particular. El análisis del entorno es el estudio de cómo han cambiado las tendencias globales en el entorno general (político-legal, económico, social y tecnológico) y específico (competitivo y laboral) de la organización y cómo pueden afectar (de forma positiva o negativa) la definición de los atributos de la identidad corporativa y la imagen de la organización. El estudio de las características y capacidades de los competidores y la evaluación de cómo pueden afectar (de forma positiva o negativa) la imagen corporativa y la definición de los atributos de identidad de la organización se conoce como análisis de competencia.

Análisis de los Públicos: Esta sección del Análisis Estratégico de Situación tiene como objetivo determinar cuáles son los públicos (o stakeholders) vinculados a la organización, cuáles son prioritarios y cuáles son secundarios, así como sus características personales, grupales y de consumo y procesamiento de información. Las organizaciones deben conocer cuáles son los públicos con los que se relacionan y sus características e intereses, ya que esto influirá en la elección de las características del Perfil de Identidad Corporativa y la gestión de la Comunicación Corporativa.

La estructura de públicos de una organización se define por dos procesos fundamentales: a) la identificación de los públicos y b) la jerarquización de los públicos de la organización. Por lo tanto, la estructura de públicos de una organización se compone de todos los públicos con los que interactúe y la priorización de los más importantes, todo esto depende de las características de la organización, su relación con los públicos y su situación actual.

Además de la estructura de públicos, es fundamental conocer las características específicas que identifican a cada uno de los públicos de la organización (ya sean demografía, consumo de información, etc.). Esto le permite definir su Perfil de Público y comprender mejor a cada uno de ellos para poder planificar una identidad corporativa adecuada. Por lo tanto, debemos obtener información sobre las siguientes características de todos los miembros del público de la organización:

Análisis de la imagen corporativa: El objetivo del Análisis de la Imagen Corporativa es definir la notoriedad de las organizaciones y los atributos fundamentales asociados a ellas, que definen la imagen de cada entidad (Capriotti, 1992, 1999 y 2009; Arnold, 1994; Villafañe, 1999; Davis, 2002; Sanz de la Tajada, 1996). La investigación de la imagen corporativa permitirá a la organización conocer su Perfil de Imagen Corporativa, así como el de otras entidades. Esto creará un mapa mental de las percepciones de los públicos sobre la organización, sus competidores y su sector de actividad.

Es importante destacar que cada cliente de la organización desarrollará una percepción única y distintiva de la organización y de las demás entidades. Por lo tanto, realizar un análisis de imagen corporativa en todos los públicos de la organización sería correcto e ideal. Sin embargo, debido a la gran cantidad de públicos que tiene una entidad, sería conveniente desarrollar, al menos, una investigación de imagen corporativa para los públicos clave de la organización.

Los dos tipos de estudios que componen el análisis de la imagen corporativa son el estudio de la notoriedad corporativa y el estudio del perfil de imagen corporativa.

El término "notoriedad" se refiere al grado en que el público conoce una organización. El análisis de la notoriedad de una entidad es crucial porque si no hay notoriedad, no hay imagen. En otras palabras, la gente no puede tener una idea de una organización si no la conoce (si no sabe que existe o qué hace). En consecuencia, la primera cuestión a considerar en un análisis de imagen corporativa es: ¿enfrenta la organización problemas de imagen o notoriedad? Muchas veces se confunde una cosa con la otra, pero mientras que los aspectos de notoriedad se refieren an un problema de conocimiento de la organización, los aspectos de imagen se refieren an un problema de valoración de la entidad, positiva o negativa.

El objetivo del análisis de las características de la imagen corporativa es determinar el perfil de la imagen corporativa de una organización al compararla con sus competidores. La imagen corporativa de una entidad está formada por una serie de características (calidad, precio, tecnología, etc.) que son evaluadas y valoradas por los consumidores de una manera específica. Para estudiar el perfil de imagen corporativa en los públicos que nos interesan, primero se deberán analizar los atributos de imagen, que identifican los atributos de imagen para todo el mercado o sector de actividad y su importancia relativa. Posteriormente, se establecerá el Perfil de Imagen Corporativa de cada una de las organizaciones examinadas. Por lo tanto, se deberán establecer los estándares de evaluación de la imagen corporativa antes de decidir qué características se le atribuirán a cada organización analizada. Es crucial destacar que en todo momento nos referimos a creencias para la audiencia en lugar de hechos. Si la gente piensa que una organización no tiene un alto nivel de calidad, incluso si la entidad tiene una buena calidad, la gente no la reconocerá y la valorará en función de eso. Por lo tanto, el estudio de imagen corporativa se enfoca en analizar las percepciones de las personas sobre las diversas organizaciones en un entorno competitivo general, así como sus creencias sobre lo que creen que son y hacen las organizaciones. El enfoque del estudio no se centra en las realidades particulares y concretas de las organizaciones.

- Diagnóstico de Identidad e Imagen Corporativa: Se deberá realizar un diagnóstico de la situación en la que se encuentra la organización a nivel de identidad e imagen corporativa utilizando la información disponible sobre la organización, el entorno general y competitivo, las entidades competidoras, los públicos y los estudios de imagen corporativa. El Análisis DAFO y el Análisis de Escenarios Estratégicos son dos de los métodos más comunes para hacerlo.

El análisis DAFO (también conocido como FODA en muchos países de Latinoamérica) es un diagnóstico (análisis y evaluación) de la situación actual y de su posible evolución futura para la organización y su entorno, basándose en la información disponible. Al hablar de "DAFO de Identidad e

Imagen Corporativa", nuestro trabajo de diagnóstico se centra en los aspectos relacionados con la imagen y la identidad de nuestra organización en relación con todos los datos del entorno general y competitivo.

A la hora de elegir los elementos de identificación que formarán el Perfil de Identidad Corporativa, la organización debe analizar sus opciones estratégicas genéricas. Este proceso se conoce como Escenarios Estratégicos de Imagen Corporativa. El estudio de los escenarios estratégicos ayudará a la organización a visualizar el escenario competitivo en el que se encuentra (a nivel de identidad) y an establecer su posición en comparación con otras organizaciones en función de las distintas características de su identidad. Los escenarios estratégicos se pueden concebir como un conjunto de posibilidades sobre la situación estratégica del mercado o sector de actividad a nivel global, sobre las cuales se pueden establecer soluciones o

alternativas para la estrategia global de la identidad corporativa.
El Perfil de Identidad Corporativa

El desarrollo del Perfil de Identidad Corporativa es el segundo paso importante en la gestión estratégica de la identidad corporativa. Este paso describe cómo la organización quiere ser vista por sus clientes. Según Capriotti (1999 y 2009; Aaker y Joachimsthaler, 2001; Arnold, 1994; Kapferer, 1992; LePla y Parker, 2002), establecer las características de identificación fundamentales relacionadas con la organización que permitan lograr la identificación, la diferenciación y la preferencia de los públicos.
Una estrategia es el conjunto de directrices que determinan la naturaleza de los objetivos, guían la distribución de los recursos y indican la dirección de todas las acciones para lograr los objetivos finales de la empresa. En este sentido, la definición del Perfil de Identidad Corporativa constituye una toma de decisiones estratégicas para la

organización porque define cómo quiere ser vista por los demás. Será el instrumento rector de todas las actividades de la organización con el objetivo de desarrollar una Identidad Corporativa fuerte, coherente, diferenciada y atractiva para el público en general. Finalmente, establecer la Estrategia de Identidad Corporativa de la organización implica definir el Perfil de Identidad Corporativa.

Este Perfil de Identidad Corporativa (PIC) parte de la Identidad Corporativa (Filosofía y Cultura) de la organización, pero también tiene en cuenta las opiniones del público y las circunstancias ambientales. Por lo tanto, la definición de PIC implica convertir la filosofía y la cultura corporativa en un conjunto de características y valores distintivos para los públicos. La premisa principal en esta etapa es transformar las pautas o lineamientos globales establecidos en la Identidad Corporativa en un sistema global de rasgos, atributos y valores (centrales, duraderos y distintivos) que señalen o demuestren el valor diferencial que dará la organización a sus públicos, que la identifiquen y diferencien de otras organizaciones, que se ajuste a los intereses presentes y/o futuros de los públicos y se adapte al entorno cambiante en el que se Por lo tanto, en esta fase la dirección debe tomar una serie de decisiones estratégicas sobre el perfil de identidad corporativa, las cuales afectarán significativamente la forma en que la organización actúe y se comunique.

El Perfil de Identidad Corporativa es una propuesta de valores centrales, es decir, un conjunto de características, ventajas y valores (esenciales, duraderos y distintivos) que la empresa brinda a sus clientes. Por lo tanto, la organización se transforma en un Value Pack para el público en general. En otras palabras, la entidad se compone de un conjunto de principios, soluciones o ventajas que brinda a sus clientes. Por lo tanto, hay un cambio en la forma en que una organización "piensa" su actividad: ya no "hace" productos o servicios, sino que "hace" soluciones, valores o beneficios para sus públicos. La materialidad de la organización (sus oficinas, fábricas, productos y servicios, etc.) se convierte en meros "soportes físicos" del Value Pack que la organización presenta a sus públicos. La Conducta Corporativa será la "demostración" del Value Pack y la Comunicación Corporativa será la "comunicación" del Value Pack, que la organización realiza para sus públicos.

Para llevar a cabo la Estrategia de Identidad Corporativa, la organización primero debe establecer el Perfil de Identidad Corporativa (PIC). Este proceso implica establecer los rasgos, atributos y valores de identificación fundamentales asociados con la organización, que incluyen valores centrales, perdurables y distintivos. Esta estructura del PIC representará la identidad que la organización comunicará, es decir, el eje comunicativo de la entidad. Como resultado, será el contenido de los mensajes que la organización transmitirá a la audiencia a través de los diversos canales de comunicación que establecerá.

El primer paso en la creación del Perfil de Identidad Corporativa es determinar la combinación adecuada de características que la organización seleccionará para su PIC. Podemos proponer tres categorías de rasgos:

Los rasgos de personalidad (la organización como "persona"): son el conjunto o sistema de ideas sobre las características genéticas o de comportamiento que definen el carácter de la organización. Están relacionados con la apariencia y expresión de la entidad (joven, moderna, dinámica, divertida, etc.). Responde a la pregunta de qué somos.

Los valores institucionales (la organización como "institución social"): son el conjunto o sistema de conceptos fundamentales o finalistas que la organización adopta como institución en relación con su entorno social, cultural, económico, etc., con el objetivo de generar credibilidad y confianza. En términos de contenido, transmiten los valores o principios de la organización. Responden a la pregunta de nuestra creencia.

Los Atributos Competitivos (la organización como una "entidad comercial"): son un conjunto o sistema de ideas útiles destinados a mejorar las capacidades competitivas de la organización con el objetivo de ganar clientes y usuarios y lograr su fidelidad. Expresan las ventajas, beneficios o soluciones que identifican y diferencian a la organización (calidad, variedad, servicio al cliente, tecnología, precio, etc.) relacionadas con el plano de contenidos. Responden a la pregunta de cómo llevamos a cabo nuestra empresa.

Cada empresa seleccionará su propio conjunto de características para el PIC Global, basándose en sus propias personalidades, valores institucionales y características competitivas. No hay una regla ni una fórmula universal. Hay empresas cuyo PIC Global se basa principalmente en características competitivas (o en aspectos comerciales), mientras que otras entidades priorizan los valores institucionales o sociales. En cualquier caso, los elementos mencionados anteriormente determinarán la fórmula adecuada. Es evidente que la cantidad de características no debe ser excesiva, y esas características deben ser significativas y valiosas para el público en general. El PIC de un pequeño comercio local (que puede tener un conjunto limitado de atributos) no es lo mismo que elPIC de una organización multinacional (que puede tener una gran cantidad de atributos) oPIC de una ciudad o país (que puede establecer una amplia red de atributos).

Después de elegir los atributos de identificación corporativa, se deberá determinar el "Nivel de Importancia" deseado utilizando el Nivel de Relevancia de los atributos y el Nivel de Reconocimiento deseado por el público para cada uno de los atributos. Por lo tanto, debemos determinar el nivel de intensidad que queremos lograr para las características seleccionadas. El grado de "centralidad" que la organización otorga a cada uno de los atributos seleccionados del PIC se representa por el Nivel de Relevancia de los atributos. Podrá establecer atributos principales o centrales (los 2 ó 3 atributos de primer nivel de importancia), atributos secundarios o complementarios (los 2 ó 3 atributos de segundo nivel de importancia media) y atributos terciarios o periféricos (los atributos de importancia baja, los restantes atributos asignados al PIC de la organización). Cualquier Perfil de Identidad (sea un producto o servicio, una organización, un sector, una ciudad o un país) puede experimentar esta diferenciación en tres niveles, pero cuando el PIC es complejo (con muchos y diversos atributos) es más necesario y comúnmente se realiza. La asignación de un valor a cada atributo en función de su nivel de relevancia es el Nivel de Reconocimiento deseado. Este aspecto es crucial porque nos permitirá establecer una graduación numérica específica para cada característica y poder transferir el PIC an una representación gráfica.

Tener Una Sólida Identidad Y Límites

Es esencial que comprendas completamente quién eres. De manera similar, es importante comprender lo que representas y lo que te gusta y no te gusta. Debes estar consciente de qué comportamientos tolerarás y cuáles no tolerarás. ¿Qué cosas te gustan y qué cosas no? ¿Cuál es el tipo de humor que te hace reír? ¿Qué te inspira? ¿Por qué estás molesto? Debe tener una comprensión completa de lo que te gusta y quién eres. Sin esto, eres solo una hoja en el viento. Los demás te verán como débil y te controlarán. Si no reconoces tu propia identidad, no podrás seguir el ritmo de las personas más exitosas del mundo.

En otras palabras, ¿cómo puedes esperar que otros sepan quién eres si no sabes quién eres? Esa es una expectativa completamente absurda y delirante. Las personas exitosas y de alto valor no tienen mucho tiempo, y si no pueden identificarse rápidamente, avanzarán rápidamente. Por lo tanto, hazle un favor a todos (lo más importante, a ti mismo) y tómate un tiempo para aprender quién realmente eres.

Y en realidad, saber qué te gusta y qué no, te ayudará an encontrar a los aliados críticos que necesitas. La mayoría de las personas pasan la vida adivinando, conociendo a personas sobre las que no tienen una opinión, y pasando por eventos de los que no están completamente entusiasmados. Pero al comprender qué es exactamente lo que te hace funcionar, te encontrarás en el ritmo que necesitas para estar rodeado de personas que deberían estar rodeados de personas que tienen una perspectiva similar a la suya.

Eso es todo.

Además, al saber lo que no te gusta, puedes establecer límites estrictos para mantener an aquellos que se comportan de una manera que no te gusta. Esto evitará que pierdas el tiempo tratando de averiguar qué es lo que te molesta de las masas irreflexivas. Puede ahorrar toneladas de tiempo simplemente yendo directamente a las cosas que necesita hacer cuando puede comprenderse a sí mismo con mucha claridad.

Tener Una Estrella Del Norte En Tu Vida

Debes saber lo que quieres de la vida y hacer un esfuerzo rápido para avanzar. Debe saber a dónde va y tomar medidas para llegar allí todos los días. En última instancia, esto es lo que distingue a la persona promedio de los exitosos (sea lo que sea que te propongas como "éxito").

La persona típica no tiene impulso suficiente, no toma medidas y se conforma. La persona de alto valor avanza con fuerza hacia su objetivo y no permite que nada lo detenga. Encuentra una solución a cualquier problema que surja.

Las personas adecuadas aparecerán y te ayudarán cuando trabajas apasionadamente por algo. Estas son personas con las que "resonarás" (coincides), te ayudarán a llegar rápidamente y, lo más importante, te respetarán porque estarán en la misma "longitud de onda" que tú. Esto es lo que acabará con el comportamiento de baja moralidad. No intentes matar el comportamiento de bajo valor deliberadamente, de lo contrario seguirás perdiendo. Al concentrarte en algo más grande que tú, cualquier comportamiento de necesidad y problemas de atención que mantienen a los demás encerrados serán eliminados. No pasarás demasiado tiempo pensando en chismes absurdos ni en las redes sociales.

Puede realizar ese ejercicio una vez más mientras imagina el final de su vida. ¿Qué deseas haber logrado? ¿Cuál fue su impacto? O simplemente reflexiona sobre la vida de tus sueños. ¿Cuál sería tu requisito para llegar allí?

Es probable que sea factible; todo lo que necesita hacer es tomar las medidas adecuadas. Por lo tanto, recuerda esas metas y comienza a tomar las medidas que las harán realidad.

Nadie más lo hará por ti y no tienes tiempo infinito. Inmediatamente serás más selectivo con quién pasa tiempo y más eficiente con tu tiempo en general. Al cambiar esto como parte de tu vida, comenzarás a ver cambios en cualquier otro lugar de tu vida.

Aprende An Escuchar El Lenguaje Corporal

En ocasiones, es necesario ser capaz de comprender el lenguaje corporal de la otra parte para comprender mejor lo que está sucediendo y para poder manejar mejor cualquier situación que surja. Aprender a leer los distintos signos del lenguaje corporal también permitirá que cada parte comprenda e interprete mejor los deseos y necesidades de la pareja y trabaje en consecuencia para acomodarlos lo más posible.

Entender

Los siguientes son algunos ejemplos de signos de lenguaje corporal comunes que pueden usarse para alertar a la otra parte sobre su mentalidad actual y disposición general:

En general, una persona que está molesta o no está realmente feliz con algo puede mostrar ojos cerrados, cuello y hombros rígidos.

Estas señales pueden calmar a cualquier

situación antes de que se salga de control y también para ayudar a desviar la atención de la persona hacia algo más placentero y menos perturbador.

Esto a menudo aleja a la persona negativa de la situación ofensiva, lo que mejora su estado de ánimo.

Es importante destacar que no todas las señales corporales son negativas.

 Cuando alguien está sexy, también hay algunos

movimientos corporales sutiles y no tan sutiles que permitirán que

Si así lo desea, otra parte responda en consecuencia.

Es fundamental comprender esto porque ayudará a la pareja an acercarse cuando estos intentos de lenguaje corporal se lean y se comporten correctamente. Cuando la respuesta es positiva, la parte que usa el lenguaje corporal para comunicarse generalmente será tan

animados y contentos, lo que probablemente hará que valga la pena y sea satisfactorio para la parte que responde. Por supuesto, esto conducirá an una experiencia más profunda y feliz.

Actividades y objetivos de la gestión del conocimiento

Se proponen una serie de objetivos y actividades para la gerencia del conocimiento de una empresa basándose en la definición de la gerencia del conocimiento como un proceso que debe ayudar an una empresa an encontrar una posición competitiva y nuevas oportunidades.

Objetivos:

• Crear una estrategia para el alcance de la organización para la creación, adquisición y aplicación del conocimiento.

• Implementar estrategias basadas en el conocimiento con el respaldo de las partes más influyentes de la empresa.

• Enfatizar la generación y la utilización del conocimiento para promover la mejora continua de los procesos comerciales.

• Manejar y evaluar los resultados obtenidos utilizando el conocimiento.

Actividades:

• Difusión de información, como lecciones aprendidas y mejores prácticas, para que los miembros de la organización la puedan aplicar en sus actividades diarias.

- Asegúrese de que el conocimiento esté disponible en el sitio donde es más útil para la toma de decisiones.

Asegurarse de que el conocimiento esté disponible cuando los procesos comerciales lo requieran.

- Apoyar la creación de nuevo conocimiento de manera efectiva y eficiente, mediante actividades de investigación y desarrollo, aprendizaje a partir de casos históricos, etc.

- Apoyar la adquisición de conocimiento de fuentes externas y la capacidad de asimilarlo y utilizarlo.

- Garantizar que el nuevo conocimiento sea accesible para aquellos en la organización que realizan actividades basadas en él, como la distribución de lecciones.

- Asegurarse de que todos en la organización estén conscientes de dónde se encuentra el conocimiento de la empresa.

Las acciones sugeridas tienen un impacto en varios niveles y funciones organizacionales. Para que la gestión del conocimiento tenga éxito, estas acciones deben combinarse con otras que se realizan en diferentes partes de la organización y deben funcionar de manera coherente entre sí. Es importante recordar que las actividades de gestión del conocimiento deben estar en línea con las siguientes partes de la organización:

La cultura y la estructura de la organización. Es importante fomentar la creación de estructuras que promuevan el desarrollo de "comunidades con intereses similares", como grupos de profesionales que se relacionan informalmente porque enfrentan problemas comunes para los cuales buscan soluciones, lo que les permitirá convertirse en una fuente y depósito de conocimiento.

• Gestión de personal. Los programas de entrenamiento, desarrollo, selección y contratación, retención, ubicación, diseño de funciones, cambio cultural y motivación para la participación y la creatividad deben estar sincronizados con los contratos de trabajo.

• Procedimientos comerciales. Para lograr cambios significativos y mantener la mejora continua, es necesario desarrollar proyectos de innovación de procesos y reingeniería.

• Utilizar tecnología. Es importante contar con herramientas que faciliten la creación de mapas de conceptos, bases de datos orientadas an objetos, inteligencia artificial enfocada en la adquisición de conocimiento, su representación, el apoyo en la toma de decisiones, la minería de datos y la difusión de conocimiento. La tecnología es conocimiento aplicado, por lo que los principios y actividades de la gestión del conocimiento también se pueden aplicar a la gestión de la tecnología. La razón por la que se han desarrollado tanto la gestión del conocimiento como la gestión tecnológica es la misma: las empresas deben ser competitivas y adaptarse a las presiones de un mundo globalizado y cambiante.

La organización que decida llevar a cabo una iniciativa de gestión del conocimiento debe tener:

• Una declaración de misión centrada en la gestión del conocimiento que explique por qué la gestión del conocimiento es crucial para la organización en su entorno competitivo actual y futuro.

• Una visión de la gestión del conocimiento que explique las aspiraciones a largo plazo de la organización con respecto a su iniciativa de gestión del conocimiento y cómo se encontrará en ese momento a través de los cambios experimentados después de su puesta en marcha.

- Una estrategia de gestión del conocimiento establece los pasos y procedimientos para transformar una organización mediante la gestión del conocimiento.

- Los objetivos de la iniciativa de gestión del conocimiento describen los objetivos específicos que la organización quiere alcanzar en términos de resultados y progreso.

Aprovechamiento de la comunicación interna

La comunicación interna se puede comparar con el servicio de limpieza: cuando se hace bien, nadie se percata, pero cuando no, se nota rápidamente e incluso se critica. Por lo tanto, cuando una empresa funciona correctamente, todo funciona correctamente, o al menos eso es lo que parece... No obstante, cuando la situación se vuelve más complicada en la misma empresa, de manera inexplicable, surgen todos los problemas que antes no eran relevantes pero que ahora parecen ser obstáculos insalvables. La incertidumbre reina cuando el barco empieza a hacer aguas. ¿Te parece esta situación? Mantener el orden no es tan difícil y puedes obtener beneficios muy atractivos para el grupo empresarial.

Te mostraré algunas de las ventajas de una buena gestión de la comunicación interna a continuación, pero a medida que avancemos, profundizaremos en cada uno de estos aspectos.

La motivación y el desempeño

¿No estaremos de acuerdo en que un empleado motivado produce mucho más que uno sin motivación? Para conseguirlo, el sueldo es un factor muy importante, ya que nadie trabaja solo por amor al arte, pero no es el único factor a tener en cuenta. ¿Has escuchado sobre el salario emocional? Ese que no se paga mensualmente con dinero, pero que tiene mucho valor para la mayoría de las personas: un horario flexible, permisos extra, reconocimiento profesional, oportunidades de crecer dentro de la empresa, etc.

Estos ejemplos son solo algunas de las cosas que se pueden hacer para motivar a los trabajadores y que lleguen a su trabajo con una actitud mucho más positiva y propensa an aumentar la productividad. ¿Cómo identificar el mejor incentivo? La respuesta no está en tu mente ni en tu mente; está en cada uno de ellos, y para acceder an esa información es necesario fomentar la comunicación interna.

Protocolo y jerárquica

Dejar claro cuál es la pirámide de mando de la empresa es el objetivo. No importa si es una empresa grande o pequeña, ya que la comunicación interna es imposible sin este orden. Para evitar la fuga de información o la alteración del mensaje, es esencial establecer los canales de comunicación y el protocolo para cada acción. En primer lugar, con estas medidas evitarás confusiones que puedan resultar en pérdidas económicas, de clientes o de tiempo.

Como se mencionó anteriormente, este tipo de situaciones impiden el buen funcionamiento de la empresa, por lo que nunca se debe permitir que formen parte del día a día de la empresa.

Identidad de la empresa y del grupo

Cuando descubrimos que las personas en un equipo comparten intereses similares, es más sencillo formar equipos. Para lograr estos objetivos, es necesario implementar algunas dinámicas básicas pero esenciales que permitan a los empleados sentirse parte de algo más grande: la empresa. Si se logra establecer esta identidad corporativa, la motivación se transformará en involucramiento y compromiso, alcanzando un nuevo nivel en el que la producción y efectividad de los empleados sean favorables para alcanzar los objetivos de la empresa.

Imagen y reputación de la empresa

Los empresarios generalmente invierten mucho dinero en comunicación externa y en proyectar una imagen positiva hacia los clientes, los medios, las redes sociales, etc. No obstante, si se optimiza la gestión de la comunicación interna, los empleados se desempeñarán como embajadores y propagarán la reputación de la empresa en la que trabajan.

Se trata no solo de saber que todos estamos en el mismo barco, sino también de trabajar juntos en la misma dirección y al ritmo apropiados. Porque si la empresa prospera y genera beneficios, ¿no es así? Por lo tanto, es fundamental que aquellos que trabajan contigo no olviden nunca este detalle.

¿Qué significa escucha activa y cómo afecta tu empresa?

Los humanos son comunicadores por naturaleza. Incluso cuando no hablamos, nos comunicamos. La mirada, el tono, los silencios, la distancia física que mantenemos con las personas de nuestro alrededor y la ropa que elegimos son solo algunas de las muchas formas en que nuestro cerebro capta y procesa información sin que nosotros nos demos cuenta. Sin embargo, sin duda es un componente de nuestra comunicación y revela mucho sobre nosotros mismos.

La escucha activa está relacionada con la comunicación bidireccional y implica escuchar atentamente. Sin embargo, podríamos decir que va un poco más allá porque no se trata solo de prestar atención, sino también de procesar la información que nos están enviando. Además, de manera consciente. Pero vamos por pasos porque debemos tener en cuenta muchos factores para lograrlo.

En primer lugar, tenga en cuenta que la palabra en sí, ya sea hablada o escrita, solo representa el 7% del mensaje total. Como se mencionó anteriormente, existen numerosos otros elementos que complementan y enriquecen el mensaje. Por lo tanto, podríamos decir que nos pasamos la vida aprendiendo la lengua y luego podemos comunicarnos incluso cuando no la conocemos. ¿Qué razón hay? Como puedes ver, la lengua en sí no es tan crucial en la comunicación como se suele creer.

Además, debemos considerar nuestro tiempo libre mental. Y este concepto es intrigante porque tenemos la sensación de estar siempre a tope. Sin embargo, en realidad solo podemos producir 150 palabras por minuto, mientras que nuestro cerebro puede procesar hasta 600. Esto significa que se crea un vacío de 450 palabras que el cerebro no puede procesar, aunque lo puede. Seguro de que no las procesará? Sí, lo hace, y cuando hablamos con otra persona, escuchamos lo que nos dice, pero también juzgamos cómo se ve hoy, si le huele el aliento, si nos falta por comprar algo para la cena, si hoy debemos ir a buscar a los niños o, peor aún, pensamos en la respuesta que le daremos incluso antes de que acabe explicando lo que sea. Si aún no nos ha explicado todo, ¿cómo podemos determinar nuestra respuesta? Pero lo hacemos porque, a pesar de que nuestro cerebro tiene ese tiempo libre mental, no puede dejarlo vacío y lo usa para otras cosas. Podrás redirigir tus pensamientos escuchando activamente sin interrumpir ni prejuzgar lo que tu interlocutor te esté diciendo cuando seas consciente de ello.

Si realiza multitareas, estará en una situación similar a la anterior. Si tiene una capacidad de atención del 100% cuando hace algo, también debe dividir ese porcentaje. ¿Qué significa eso? que no dedicarás todo tu sentido an una tarea específica. Como podrás ver, eso va en contra de la escucha activa y, por lo tanto, representa un problema de comunicación.

Finalmente, debe usarse para mejorar la escucha activa. Cuanto más la uses, más fácil será llevarla a cabo en tu vida diaria. Es como hacer ejercicio: cuesta mucho al principio, pero se vuelve más fácil a medida que lo repites.

¿Estás consciente de cómo afectaría la implementación de la escucha activa en tu empresa? En realidad, desarrollar esta habilidad te permitirá mejorar la comunicación en general. Si esto funciona bien, será mucho más sencillo encontrar áreas de mejora en los procesos, la experiencia del cliente y el personal. La escucha activa se convertirá en una herramienta muy poderosa para mejorar continuamente en cualquier ámbito, incluidas sus relaciones personales. Las relaciones que tienes con aquellos que trabajan contigo, así como con tus clientes y proveedores, cambiarán. Pero te sorprenderá cómo mejora las relaciones que tienes con personas que no trabajan en la empresa. Cuando hablamos, queremos ser escuchados, ¿por qué no hacerlo de la mejor manera?

Cuando Su Pareja No Presta Atención

Lo más probable es que usted y su cónyuge no estén comunicando efectivamente si su matrimonio tiene problemas que no parecen estar mejorando y se siente como si estuviera atrapado en un ciclo repetitivo. O, peor aún, siente que está tratando de hacerlo, pero su pareja no está escuchando. Después entra en un estado de locura, se pone nervioso y termina yendo a la cama enojado. Sin embargo, cuando se despierta y lo hace todo de nuevo, nada se resuelve. Todavía está muy enamorado de esta persona y se ha comprometido a permanecer a través de todo.

Su pareja podría no querer escucharlo por estas razones:

Puede que su pareja tenga egoísmo.

Su pareja puede experimentar el proceso de pensamiento de "Yo sé lo que es mejor, así que sus opiniones no importan", especialmente si se pelean constantemente sobre las mismas cosas. Quizás crean que están escuchando, pero en realidad solo están escuchando para responder. La mente egoísta es limitada. No están dispuestos a aprender a comunicarse bien o a procesar nueva información.

Sin embargo, en la mayoría de los casos, el pensador egoísta no está consciente de que está actuando y pensando de esta manera porque así es como siempre ha sido para ellos. Cuando se dan cuenta de esto, pueden practicar diciendo cosas como "sí... pero esto es lo que pienso" y seguir trabajando en la comunicación efectiva.

responsable de la enojo

El enojo es una emoción que se apodera de la comunicación y controla las emociones de uno, lo que resulta en oyentes pobres. Cuando alguien está molesto, le resulta difícil procesar y absorber nueva información, por lo que reacciona antes de pensar y habla sin escuchar.

Las respuestas enfadadas pueden herir sentimientos y dañar vínculos porque la persona ofendida puede ignorar lo que dijo o usar lo que dijo antes para que no "gane", lo que conduce a conflictos y malos hábitos a largo plazo. Si su cónyuge está enojado, podría saber esto acerca de sí mismos y sentirse culpable por no querer estar enojado contigo, por lo que permanecen callados y no dicen nada.

La desconfianza y la falta de honestidad

Una espiral en el departamento de respeto ocurre si usted o su pareja han sido deshonestos con el otro. Su cónyuge puede ser precavido o cauteloso de que lo que dice puede ser una mentira, por lo que se cierran para que no tengan que lidiar con el dolor. Se puede ver la Parte Uno: Cómo Recuperar la Confianza para ver cómo podría arreglar esto. Una vez que se rompió

Tonos vocales

Esto está relacionado con la ira. La señal no verbal de lo que realmente pensamos es nuestro tono de voz. Considere la variedad de formas en que puede decirle a su pareja: "¡Lo siento tanto, cariño!" Desde humilde hasta amable y sincero.

Si su cónyuge ya no le está prestando atención, es posible que piense que siempre tienes un tono negativo o que no entiendes las cosas debido a tu tono. Cuando usted o su cónyuge hablan en un tono agresivo, irritado o molesto, es probable que obtengan una respuesta defensiva, lo que los llevará a más enojo y an una escalada más grave. Cuando esto suceda, intente no distraerse por el mensaje principal o el problema fundamental. Ignore el tono en ese momento y continúe hablando sobre el problema. Después de que las cosas se calmen, dígales que su tono es el que más le duele y vea si puede resolverlo haciendo que se den cuenta de su tono de voz.

razonamiento de la sentencia

Con razonamiento sentencioso, puede parecer que su cónyuge solo está dando consejos en lugar de escuchar lo que usted dice y procesar claramente la información o el mensaje. En lugar de tratarlo como an un igual, lo tratan con desprecio. La información ayuda a las personas a pensar por sí mismas y tomar sus propias decisiones.

Sin embargo, si su pareja es sentenciosa, puede tener miedo de hablar con ellos porque creen que su estilo de comunicación es mejor que el suya. Si intentas comunicarte con tu pareja, podrías parecerles ingenuo porque siempre te están juzgando por lo que estás hablando. En esta situación, su pareja puede o no saber que se está comportando de esta manera y puede ser fría cuando no lo desea. Por lo tanto, cuando hay una discusión, se confunden y dejan de escuchar.

Hablar demasiado o demasiado acerca de algo.

¿Alguien de ustedes parece más astuto? ¿O tiene un vocabulario mejor? ¿Se comunican mejor uno que el otro? De vez en cuando, la pareja contraria que no es buena en la comunicación puede encontrar esto difícil porque se siente inferior a usted en la escala de vocabulario español.

Por ejemplo, si puede expresar sus pensamientos más rápidamente para hacer entender su punto de vista, puede que solo tenga sentido para usted, y cuando no lo entienden, pueden interpretarlo mal, o viceversa. Esto podría significar que no está escuchando para entender porque sus pensamientos se están formando demasiado rápido para escuchar lo que la otra persona tiene que decir.

Esto hace que tu pareja se apague y no te escuche porque creen que nunca pueden hablar debido an una mala comunicación, ya que ambos perciben la situación o el argumento de manera diferente. Su pareja deja de hablar con usted porque cree que nunca puede decir una palabra, lo que crea hábitos terribles para sus futuras conversaciones.

En resumen, cuando su amante deja de escuchar, evalúe el problema antes de comenzar una discusión. En ocasiones, la comunicación efectiva depende de comprender el problema.

Examinemos ahora cómo puede corregir las barreras auditivas:

Considere que su pareja podría no estar alejándolo deliberadamente.

Ya sea que su cónyuge quiera desentenderse de usted o no, ya sea que no saben cómo lo están haciendo sentir, o ya sea que están demasiado preocupados para escuchar algo más de lo que sienten que podría ser molesto. Si te están ignorando a propósito, es posible que sea porque los problemas antiguos no están siendo resueltos, y pueden estar cansados de repetir lo mismo una y otra vez.

Es posible que su cónyuge tenga demasiadas cosas en la cabeza, por lo que, aunque intente escuchar, su mente se distraiga demasiado por sus propios pensamientos. De vez en cuando, una persona puede ser introvertida, dependiendo de su personalidad. Los introvertidos suelen tomarse un tiempo para considerar lo que se ha dicho y luego volverán a usted cuando hayan comprendido todo. Cuando este sea el caso, es posible que tenga que ser paciente.

Pregúntele a su pareja si han tenido tiempo de pensar en las complicaciones o conversaciones pasadas en lugar de hablar sobre los problemas en sí. Esto demuestra que está tratando de ser paciente y les está dando tiempo para repensar lo que se le planteó para que puedan venir a ti. Para que puedan avanzar y no estar en su cabeza, hágales saber que es esencial resolver el problema.

Hacer ajustes según las circunstancias

Es bien sabido que mientras más alto o molesto sea tu tono, el cerebro de un humano lo silenciará naturalmente. Dicho esto, ajuste su comportamiento y mantenga la calma y la atención cuando se dirija a su pareja. Parecer apresurado y exigente no es su objetivo final. Esto solo provocará malos hábitos, como que rara vez prestarán atención an él o lo escucharán atentamente.

Si a su cónyuge le cuesta recordar lo que se habló, intente anotarlo. Para que pueda procesar completamente lo que está escribiendo, haga algunas copias; a medida que pase el tiempo, puede que ya no parezca tan importante. Uno de los mejores medios para usted y su pareja es escribir. Además, para evitar información errónea, debe haber una discusión incluso después de que su cónyuge haya leído su carta.

La última cosa a tener en cuenta son sus formas particulares de comunicarse. Usted puede ser directo y franco, mientras que su cónyuge puede ir de un tema an otro divagando sobre muchas cosas. Por ejemplo, aquí hay una manera de cambiar su estilo de comunicación para que pueda seguir expresando sus ideas sin discutir. Cuando su cónyuge empiece a salir del tema, preste atención a la posición dada y pregunte: "Sí, eso también es importante, pero originalmente estábamos hablando de... podemos discutir esto más tarde, así que, ¿cuál es tu opinión acerca de...? Esto le devolverá la atención al punto original y le asegurará que no olvide que se deben satisfacer otras necesidades apremiantes.

Recuérdele a tu esposo que, aunque sea difícil, debes escucharlo.

Cuando haya terminado de retrasar los asuntos actuales y simplemente necesite toda su atención, dígalo. Asegúrese de estar calmado y presente, pero siéntese con ellos y dígales: "En media hora me gustaría que me prestaras toda tu atención porque hay algo que realmente necesito decir". Esto les dará tiempo para prepararse y hacer lo que sea que necesiten hacer en ese tiempo para que puedan prestar un oído.

Asegúrese de que no sea justo antes de ir a la cama o cuando ocurren distracciones como cuando los niños corren por ahí o cuando se prepara la cena, o justo antes del trabajo. Pregúnteles cuando sería un buen momento para hablarles para ellos y ajuste su agenda para que ambos puedan ser escuchados.

Escenarios Y Situaciones Frecuentes De Comunicación En Aulas Virtuales

Los postulados epistémicos que sustentan el tratamiento andragógico del aprendizaje de grupos de estudiantes que se forman a través de tales aulas virtuales surgen en la práctica diaria de darle sustentabilidad académica y funcional an un curso desarrollado para ser ejecutado bajo la modalidad a distancia en una plataforma virtual de aprendizaje. La episteme didáctica mencionada es el resultado de los éxitos y fracasos en la práctica de la educación a distancia en todo el mundo, tanto en el sector público como en el privado. La presencia o ausencia de frustraciones en ese sentido tiene un asidero explicativo en la motivación humana. Por lo tanto, ¿un escenario educativo en línea es solo un medio para motivar a los estudiantes a aprender a distancia? La teoría sinérgica o del esfuerzo concentrado de Adam (1984) se puede relacionar con una respuesta proximal[20].

Para finales de la tercera década del siglo XXI, las ofertas académicas en línea se centrarán en tres grandes propuestas de capacitación porque la educación a distancia es un logro mundial:

Los programas oficiales de educación en instituciones públicas y privadas, destinados a los estudiantes que asisten a los diferentes períodos del plan de estudios oficiales.

Los cursos masivos abiertos en línea (MOOC), orientados a diversas áreas del conocimiento y abiertos a cualquier persona, con o sin pago por derecho de matrícula.

El tratamiento autodidacta del conocimiento mediante formación abierta que se apoya en plataformas de lectura y video, sustituyendo la matrícula por la suscripción de usuarios.

Estos tipos de ofertas académicas en línea se describen a continuación.

CURSOS FORMALES EN CENTROS DE EDUCACIÓN PÚBLICA Y PRIVADA.

En el primer caso, que se enfoca en la matrícula oficial de una institución educativa, que incluye universidades, tecnológicos e institutos de capacitación general, se requiere la asistencia de un facilitador para guiar el proceso de aprendizaje.

Si se considera que una asignatura o curso puede ser un repositorio, gestor de contenidos, una asignatura semipresencial o 100% a distancia, esta asistencia tendrá niveles de interacción con los estudiantes, ya sea en tiempo real o diferido.

Por lo tanto, la organización debe diseñar estrategias para invertir no solo en la contratación de servidor, dominio y plan de conexión para sus estudiantes, sino también en la capacitación constante de docentes y estudiantes para maximizar el uso del aula virtual que se ha instalado y mantenido por equipos multidisciplinarios de desarrollo y mantenimiento.

En estas instituciones, es común ver cursos introductorios donde los estudiantes se apropian del modelo académico de capacitación y el paradigma de desarrollo individual profesional que el mismo estudiante asume desde el primer día. Los estudiantes seguirán dos grandes rutas durante su paso por la academia: alcanzar la meta educativa de profesionalización o sentir frustración por la falta de modelo. Debido a las habilidades de conectivismo de las nuevas generaciones, apostamos a la consecución satisfactoria de las metas académicas propuestas a nivel planetario.

Muchos cursos gratuitos en línea (MOOCs)[21].

En el segundo caso, los cursos abiertos en línea agrupan a muchas personas en una aula virtual con conexiones de cualquier lugar del planeta, lo que permite que cada uno procese la información y realice las evaluaciones a su ritmo. Por lo tanto, en la mayoría de los casos, no se requiere la presencia de un facilitador, a menos que se concerten citas para conectarse punto a punto en tiempo real. Sin embargo, es común que siempre haya un equipo de apoyo disponible para abordar cualquier problema urgente.

Por lo general, el diseño de la comunicación en el aula es tan claro que los estudiantes no tendrán que perderse o desorientarse durante el curso. Vazquez et al., 2013). Esto significa que el nivel de interacción instruccional en el aula virtual es impecable y que los usuarios tienen el mayor conocimiento general.

Formación disponible a través de la suscripción.

Finalmente, en la modalidad de formación abierta por suscripción en portales de videos, infografías, audios y lecturas, no es necesario un facilitador durante el proceso de aprendizaje. Los comentarios públicos que permiten estas plataformas permiten interacciones mínimas con la persona o institución que colocó contenido abierto en la web.

Los canales educativos en plataformas como YouTube o Vimeo, que son bien conocidos por su gran cantidad de suscripciones y la tendencia de las personas an obtener ciertos conocimientos a través de estudios posteriores respaldados por videos, son un ejemplo muy popular. No es sorprendente ver a personas disciplinadas estudiando idiomas, programación, aplicaciones de ofimática, contabilidad, desarrollo personal y habilidades manuales como cocina, mecánica y bricolaje. Estas capacitaciones abiertas, que han sido un gran aporte al desarrollo humano colectivo para su educación y evolución, también están guiadas por la búsqueda de soluciones a problemas puntuales.

El esquema que manejan las instituciones públicas y privadas para las matrículas adscritas a sus programas educativos ha sido la modalidad de aprendizaje en línea que ha requerido mayores esfuerzos para dar sustentabilidad a los procesos de enseñanza. En este entorno, se ofrecen clases y materias en un aula virtual en los niveles de pregrado, posgrado y extensión. Además, se ofrece capacitación en línea para el personal docente, administrativo y obrero de la institución, a través de diplomados y cursos a la comunidad. Además, se ofrece capacitación colaborativa a través de convenios interinstitucionales.

Los diferentes puntos de vista de los docentes y estudiantes sobre los procesos de introspección bajo el paradigma de formación a distancia dificultan la sustentabilidad. Esto se debe a que las estrategias conocidas para ambientes presenciales que se apoyan en señales analógicas del docente como la voz, la visión y el tacto, así como las actividades quinestésicas propias de un aula de clase, se descartan por completo e innecesarias. Estos nuevos mecanismos cognitivos requieren un enfoque que se base en los mecanismos fundamentales de la conducta percepto-atentiva de Adam.

Ya se sabe por experiencias previas y otras que actualmente se viven que incorporar estas perspectivas de estudio requiere un cambio previo de estructuras cognitivas afianzadas y una apertura a nuevas conductas que generarán diversas reacciones. Sin embargo, las experiencias exitosas respaldan la posibilidad de la capacitación y la aprehensión en modelos basados en aulas virtuales, donde se tiene la asistencia de un facilitador a quien se puede pedir ayuda en un momento determinado del proceso. La probabilidad de que el adulto que se forma a distancia integre su energía mental hacia un objetivo de aprendizaje, con el direccionamiento didáctico individual o colectivo, es mucho mayor en este contexto guiado.

Por lo tanto, aunque hay casos exitosos de educación en línea en los que la matrícula de los usuarios inscritos se ha mantenido a lo largo del tiempo, incluso llegando a graduaciones en las que algunos de los participantes se conocen en persona después de largos períodos de interacción comunicacional y afectiva en línea, también existen algunos contextos que hacen que los protagonistas del acto educativo a distancia caigan en el abismo.

Por lo general, este tipo de circunstancias, donde quizá el esfuerzo se distribuya en varias situaciones, además de que no todas son necesariamente hitos de aprendizaje, causan cansancio, confusión, deserción y declinación para la modalidad.

Por lo tanto, se mencionan a continuación los escenarios de declive de la educación a distancia y la forma en que se resuelven desde la perspectiva pragmática y de investigación de este autor, partiendo del fundamento teórico mencionado y sus características principales de integración e intensidad.

Además, se presentan las circunstancias que dificultan la moderación de grupos y la educación en línea en general. Sin embargo, es importante recordar que esta propuesta se centra en la educación a distancia en instituciones educativas públicas y privadas, con dependencia de un facilitador que guíe el proceso de aprendizaje.

El Campo De La Interpretación

Saber interpretar lo que otra persona intenta decirnos es tan importante como saber escuchar.

Para entender correctamente el mensaje, debemos comprender el contexto en el que se inserta la comunicación.

Es decir, debemos saber de qué trata el mensaje; si no lo sabemos, debemos abstenernos de responder, en caso de que la situación lo requiera, y buscar conocer los hechos para analizar lo que se nos comunicó y, solo entonces, tomar una opinión sobre el mensaje mismo.

La interpretación debe ser lo más razonable posible, especialmente cuando recibimos una comunicación que nos obligará a tomar una decisión.

Es prudente no tomar ninguna decisión en el momento si la persona que recibió la comunicación no está segura de cuál es la mejor salida hasta que tenga todos los datos para un análisis detallado.

Posponer una decisión es mejor que tomar una decisión equivocada y sufrir consecuencias negativas.

Debemos satisfacer al mensajero para evitar que piense que lo ignoramos.

Situaciones de estrés en el matrimonio suelen no ser cuestiones que deben resolverse "ayer".

Por el momento, la mejor opción es comunicarle al mensajero que entiende y valora su inquietud, y que analizará minuciosamente cada propuesta presentada para lograr una solución lo más beneficiosa posible, que en esencia tiene como objetivo la protección mutua. intereses.

Aquí, muchas parejas toman decisiones que no querían tomar.

En ocasiones, tenemos la mala costumbre de estar de acuerdo con algo simplemente porque no queremos molestar a la persona que espera nuestra decisión.

En el matrimonio, una pequeña concesión no tiene ningún impacto en la relación si no se ha convertido en un hábito.

Sin embargo, es necesario reevaluar la situación y corregir la trayectoria cuando las diferencias entre la actitud ideal y la actitud real son muy pronunciadas y de manera constante.

El éxito de la propia relación depende de una interpretación adecuada y, por lo tanto, de una toma de decisiones adecuadas.

Para interpretar correctamente, también es necesario que sepamos evaluar y comprender los mensajes silenciosos que aparecen tan frecuentemente en nuestra vida diaria.

La forma en que percibimos nuestro propio universo está estrechamente relacionada con la forma en que nos comunicamos con él.

Y esta percepción está relacionada con nuestra capacidad de interpretar lo que sucede en este mundo que notamos que existe.

Por lo tanto, por deducción, lo que decimos en este contexto más íntimo está directamente relacionado con cómo interpretamos las cosas.

A partir de esta observación, nos damos cuenta de que la capacidad de hacer una buena interpretación de lo que se nos muestra es esencial para una buena comunicación.

Estamos hablando de los principios de la comunicación y su importancia entre iguales, entre parejas, no del tipo de comunicación que se da en los reportajes periodísticos.

En este modelo, los mensajes deben ocurrir para lograr los resultados más positivos posibles y ayudar a construir relaciones saludables.

Es correcto decir que los resultados de un procedimiento son lo que determina si está funcionando bien o no.

Si estamos realizando una tarea con un objetivo determinado y lo logramos, entonces estamos trabajando correctamente; si, por el contrario, nuestros resultados no satisfacen nuestros intereses, debemos reevaluar nuestra metodología de trabajo y corregir la tarea para adaptar los resultados a nuestros intereses.

La falta de comunicación entre los cónyuges siempre aparece como una de las principales razones por las que las parejas se separan.

Muchas obras escritas por especialistas y doctores en relaciones, pero todavía tenemos problemas de comunicación en áreas de relaciones entre pares.

A pesar de los avances tecnológicos y los cambios sociales, todavía podemos encontrar dificultades en las relaciones matrimoniales debido a la falta de conversación entre los miembros de la pareja.

Los especialistas se concentran en este tema para prevenir los divorcios, las separaciones y los conflictos matrimoniales, en fin, para prevenir el fracaso total en las relaciones.

Todo este esfuerzo es justificado porque el fracaso de las relaciones tiene un impacto directo en la formación de la familia y, por lo tanto, en la creación de una estructura social más sólida. Después de todo, es en la familia que la sociedad tiene sus raíces.

Y una estructura familiar sólida depende del equilibrio de cada pareja que forma la pareja, que es donde parte el ámbito familiar.

Es como el "efecto dominó"... Las familias que no están bien organizadas, están llenas de conflictos y carecen de afecto, junto con otros problemas, producen niños con problemas psicológicos y traumas.

Los hijos que crecieron en entornos familiares deficientes tendrán problemas de personalidad como adultos, y esto se verá reflejado en la calidad de sus relaciones.

Las relaciones distorsionadas darán a los hijos generados una calidad perjudicial, volviendo al principio de las familias mal estructuradas.

Luego comprendemos cuán interconectadas están las estructuras sociales y cómo se afectan mutuamente.

Por lo tanto, preservar la calidad de las relaciones es preservar la base de la sociedad, que es la familia.

Nos concentramos en cómo la familia afecta la personalidad de las personas, lo que a su vez afecta la calidad de las relaciones de cada pareja.

El Campo De La Electroquímica De La Comunicación

La electroquímica estudia cuando ocurren las reacciones.

¡Tenga en cuenta este caso!

El señor Alúmina, quien se desempeñaba como hacedor de huecos para la empresa en la que trabajaba desde hace mucho tiempo, estaba presente un viernes a las 11 de la mañana. Esta planeaba ampliar uno de sus almacenes. El supervisor, también conocido como el señor Cuproso, le dio la orden de elaborar varios espacios para la siguiente semana a las 11:30 del día, sin proporcionar más detalles sobre la ampliación. El señor Alúmina consideró que al realizar una tarea en la mañana y otra en la tarde, debido a la complejidad del terreno, se acumularían dos espacios que, multiplicados por los cinco días de trabajo, resultarían en diez espacios completos.

El Sr. Alúmina estaba un poco preocupado porque había tomado la iniciativa de hablar con el Sr. Cuproso hace un tiempo atrás para plantearle la importancia de tener las herramientas necesarias para realizar este trabajo, especialmente la dotación de equipos de protección personal y la incorporación de un martillo eléctrico para agilizar el proceso de perforación. Además, como parte de su compromiso con la empresa, el Sr. Alúmina buscó información y descubrió que, de acuerdo con el plan de desarrollo urbano del municipio, se debían realizar algunos estudios de suelo para la construcción o edificación porque proporcionarían información sobre la optimización del suelo. Descubrió que el ultrasonido era el método de estudio más conveniente debido a su eficiencia y rapidez.

El Sr. Alúmina, que había estado ocupando espacios en la empresa durante mucho tiempo, fue más allá de su objetivo dentro de la empresa y buscó información para mejorar su entorno laboral y social. Su potencial humano lo obligó an examinar cada detalle para realizar un trabajo de calidad. Para ayudar a la empresa, utilizó la comunicación de acero. Todo un profesional que, más allá de su título universitario, deseaba desempeñar correctamente su trabajo.

Como aquel mensaje de alerta que envió el barco Californian al Titanic, toda esta información que ya había sido dada al Sr. Cuproso en su momento fue ignorada. Por temor a ser cuestionado, nunca informó a la gerencia (causa del 80% de fracaso de las empresas según Kiyosaki) de la propuesta del Sr. Alúmina. Pensó que se dudaría de sus habilidades porque la idea era hacer espacios en lugar de él como supervisor.

El lunes a las 2:30 pm, el dueño del 90% de los almacenes de la ciudad, el Sr. Áurico, se acercó al lugar de la obra para ver cómo iba su nueva inversión. El señor Ag se encontraba junto an él, con una mirada esquiva hacia los trabajadores pero con una atención fija en la obra y los planos. Después de inspeccionar la obra, se dirigieron an una de las oficinas de proyectos donde estaba el señor Cuproso para comenzar una reunión entre ellos. No obstante, el señor Alúmina decidió quitarse los guantes y dirigirse a la oficina de proyectos donde se encontraban sus superiores, ya que el incumplimiento de la ordenanza municipal podría resultar en sanciones o el cierre de la empresa. Al observar que el trabajador Alúmina se acercaba a la oficina, el supervisor Cuproso decide acercarse a ella y le pregunta: ¿Requiere Alúmina guantes?

¿Acaso le ha informado a los representantes de la empresa sobre lo que hemos discutido?

-No. Es una buena idea, pero no invertirán en esa tecnología porque tienen el personal necesario para hacerlo, como siempre se ha hecho. No te preocupes por la alcaldía, ya que esos son asuntos políticos y la política no tiene nada que ver con el trabajo.

El señor Alúmina respondió al señor Cuproso con respeto: "Los empresarios no van a invertir si no hay una política positiva en el municipio, y creo que el señor Áurico no tiene la misma opinión que usted". Los empresarios fomentan el progreso, y como residente de esta localidad, desearía avanzar en el ámbito empresarial y comercial para crear más empleos y mejorar la calidad de vida no solo para mí sino también para todos los demás habitantes de la localidad. Con su permiso, hablaré con el señor Áurico porque la calidad humana determina la calidad empresarial.

Debido a que manejan una teoría de protocolo en la que la voz del trabajador se escucha a través del supervisor y se le indica qué decir o responder, es comúnmente más fácil para los trabajadores hablar con su supervisor o jefe inmediato que con los gerentes o presidentes de la empresa. Es poco común que el propietario de la empresa se comunique con un empleado. Sin embargo, el señor Alúmina, como empleado comprometido, sabía cómo comunicarse con el señor Áurico.

Hola, señor Áurico, es un placer saludarlo. ¿Podría tener un momento para conversar con usted?

Saludos caballero, es posible que no, sigan adelante, si le gusta puede sentarse y tomarnos un café.

- ¿Conoces a Colín Powell o has escuchado algo sobre él?

- Ex Ministro de Defensa de los Estados Unidos, sin duda. Un líder destacado tanto durante como después del mandato de George W. Bush. Una vez, un gran líder dijo: "Cuando un soldado deja de recurrir a sus superiores, en ese mismo momento dejaron de ser sus líderes". Esto es exactamente lo que dijo. Me tomé el atrevimiento de recurrir a usted porque lo considero un empresario que conoce el 90% de nuestra ciudad y me gustaría presentarle una propuesta relacionada con el trabajo que venimos haciendo. una forma efectiva y efectiva de evitar la falta de conformidad en la organización

- Me interesa; sin embargo, ¿cómo sería eso?

- Crecer en habilidades de comunicación.

El señor Áurico le ofrece su primer trago de café y le comenta: "Sin embargo, esto no se aplica a nuestra organización, ya que somos una empresa dedicada a la construcción, lo que sí se aplicaría a las empresas de radio y televisión". Sí. Pero tenemos algo en común con esas empresas: trabajan para la gente como nosotros.

Por lo tanto, el Sr. Alúmina comunicó con el Sr. Áurico todo su potencial, informándole sobre todos los detalles relacionados con el trabajo y el municipio, destacando la importancia de tener un programa de capacitación en comunicación para garantizar la estabilidad no solo de la empresa para la que trabaja sino también de todas las inversiones del Sr. Áurico. Todo esto lo hacía con gran confianza, no solo por el contenido de la información, sino también por su habilidad para transmitir el mensaje usando técnicas de oratoria, dicción y manejo del escenario. Aquello parecía un discurso persuasivo.

El señor Áurico se concentró en lo que Alúmina le estaba explicando, tanto que no se dio cuenta de cuando se le enfrió el café, mientras el señor Cuproso y el gerente Ag hablaban de algo para nada interesante, como la osadía del obrero y cómo estaba irrespetando el protocolo de las organizaciones.

En ocasiones, habla con alguien sin darse cuenta del tiempo porque se siente bien con lo que está escuchando. Va conectando ideas increíbles y de repente se crea un área en la que la comunicación fluye con armonía y brillo.

Parece que todo está funcionando tan bien que tienes la certeza de que todo acuerdo que se haga en ese momento tendrá un resultado positivo. En la comunicación de acero, eso se conoce como entrar en sintonía, que es una técnica poderosa para crear la resistencia necesaria.

Después de la conversación, el señor Áurico optó por seguir las recomendaciones de su empleado y se comenzaron an observar cambios en la organización, incluso algunos trabajadores ineficientes cambiaron de actitud y fueron nombrados empleados del mes.

Un día, mientras salía del comedor, el señor Alúmina se topó con el señor Cuproso, quien le cuestionó: "¿De qué manera obtuviste todos estos cambios?" Tu fortuna te tocó.

Alúmina respondió: "No lo conseguí, pero se presentó". Según Lorenzo Blanco, el locutor de esta ciudad, es importante aprovechar las oportunidades que surgen, ya que estas cambian de vez en cuando y nunca vuelven an aparecer. La empresa ya ha iniciado programas de capacitación y comunicación, entre los que se encuentra un curso llamado APRENDIENDO A SER DELFÍN EN UN MAR DE TIBURONES. Cuando Ariel habla con el delfín, le dice: "La intención sin acción no crea transformación". ¿Quieres ser como Ariel algún día, Cuproso?

Enseguida le sugirió el libro de Carlos Saúl titulado "No es cuestión de leche, es cuestión de actitud" (en Venezuela se le llama lechúo al que tiene buena suerte).

La Sexualidad Y La Intimidad En La Edad Avanzada

Los investigadores han descubierto un mito muy dañino sobre el proceso de envejecimiento en Estados Unidos que es la creencia de que a partir de los treinta años la actividad sexual se vuelve menos atractiva y finalmente desaparece. Muchas personas creen que aumentar en edad reducirá la frecuencia y calidad de nuestra vida sexual. La juventud y el placer que se experimenta están más íntimamente relacionados con la actividad sexual que con la vejez. Se cree que la relación entre la intimidad y la actividad sexual es exclusiva de los jóvenes. La idea de tener una vida sexual saludable después de los treinta o cuarenta años no solo se considera negativa, sino que muchos individuos de todas las edades la ven como algo indeseable. Es importante tener en cuenta que las culturas estadounidenses tienen un estereotipo negativo más fuerte sobre la actividad sexual y el proceso de envejecimiento. Los residentes de América del Norte que hemos entrevistado no tienen actitudes tan negativas con respecto a la actividad sexual durante la vejez como los residentes de España, América Latina y Suramérica. Además, es importante tener en cuenta que varias encuestas recientes y específicas han demostrado que las personas mayores intentan mantener una actitud positiva hacia el sexo y están de acuerdo en que tener relaciones sexuales con alguien que les importa es un componente esencial de una buena calidad de vida. Sin embargo, las opiniones negativas sobre la actividad sexual en la vejez que se encuentran en los medios de comunicación, en la profesión médica, entre los jóvenes y los hijos adultos cuando se les hace una pregunta específica sobre sus padres mayores han generado confusión no solo entre los adultos jóvenes sino también entre las personas mayores que intentan mantener una relación sexual saludable que incluya una actividad sexual frecuente, apasionada y plena.

No hace mucho tiempo, uno de los autores de este libro se dirigió a una amplia audiencia de trabajadores que se especializan en el cuidado de personas mayores. Los asistentes incluían enfermeros, trabajadores sociales y terapeutas físicos, ocupacionales y recreativos. La sexualidad y la vejez fueron los temas del día. El primer ponente, un médico con experiencia en el tratamiento de personas mayores, transmitió el mensaje de fatalidad y pesimismo siguiente: todos perderán su sexualidad y habilidad sexual. Los hombres y las mujeres perderán el deseo sexual a medida que envejecemos, pero no sufráis porque el proceso de envejecimiento pronto nos impedirá tener las habilidades necesarias para realizar la actividad sexual. La vejez incluye la pérdida física y psicológica del interés o la habilidad para mantener actividad sexual. Sin embargo, si desea mantener un nivel mínimo de actividad sexual al entrar en esta etapa de la vida, puede optar por tomar medicamentos o realizar una cirugía. Saludos y buen día.

La Intimidad Y Las Relaciones Diversas

La experiencia de la intimidad en las vidas de las personas mayores, con la posible excepción de disfrutar de buena salud, es el factor más importante para adaptarse y hacer frente al proceso de envejecimiento. Según los estudios sociales, tener al menos un confidente cercano es crucial para nuestra calidad de vida después de los 65 años. Este amigo puede marcar la diferencia entre la depresión y la felicidad, entre tener una buena salud o sufrir síntomas crónicos, entre tener una vida social activa o quedarse solo en una habitación cada día, entre disfrutar de una buena comida o contentarse con una cena preparada. Aunque tener un confidente íntimo es claramente mejor que no tener a nadie con quien compartir nuestros sentimientos más privados, disponer de una red de relaciones íntimas que cumplan diversas funciones a medida que envejecemos puede ser mucho más satisfactorio y útil. Para mantener una buena calidad de vida durante la vejez, es importante ser capaz de llegar a la intimidad en un abanico de relaciones familiares y de amistad. En este capítulo se destaca que la intimidad puede manifestarse en una variedad de relaciones y que integrar estas relaciones íntimas en una vida social también íntima puede servir como una red de protección para enfrentar los problemas asociados con la edad.

Hemos destacado en este libro la importancia de enfocar la intimidad no solo en nuestros encuentros sexuales, sino también en una selección de relaciones familiares y de amistad. Los adultos mayores deben gestionar sus redes relacionales en un contexto social diferente al de otros grupos de edad. Por ejemplo, pueden sobrevivir a sus amigos y esposa. Después de la muerte de un amigo o cónyuge, se crea un vacío físico y emocional significativo en la vida de la persona que ha quedado. No hay normas culturalmente aceptadas que puedan ayudar a la persona que queda a lidiar con esta pérdida significativa de la mejor manera. Los amigos, la familia, la religión e incluso el gobierno suelen dar consejos contradictorios. ¿Es seguro tener citas? ¿Es posible encontrar an un nuevo compañero o pareja para reemplazar a la pareja fallecida? ¿Cómo comienza este proceso de relaciones sexuales? ¿Cómo reaccionarán sus amigos y familiares si tiene una cita o reemplaza a la persona fallecida con una relación completamente nueva? La vejez también puede ser un período de transición de la independencia a la dependencia. Esta transición suele ocurrir lentamente. Los adultos mayores pueden optar por mudarse de un hogar grande donde han subido una familia an una casa más pequeña que esté más cerca de los hijos. Después de unos años, pueden mudarse an una casa en una comunidad de jubilados o a la casa de un hijo, optar por tener asistencia en el hogar y, finalmente, pueden mudarse an una residencia de salud de larga estancia. Este traslado puede ocurrir en la misma comunidad, pero con frecuencia implica dejar las redes de amistades y los hábitos sociales cómodos. Esta "reducción" también se produce cuando los adultos mayores deciden interactuar con más frecuencia en pocas relaciones íntimas de familia y amigos. La vejez puede ser una etapa de recuperación que coincide con la pérdida generalizada de la movilidad física como resultado del proceso de envejecimiento normal, lo que resulta en la inhibición o, como mínimo, en el cambio de las oportunidades de interacciones frecuentes con amigos de toda la vida.

Las relaciones íntimas que establecemos a lo largo de nuestras vidas y que tratamos de mantener a medida que crecemos ayudan a satisfacer nuestras necesidades diarias. Estas conexiones cercanas, como hemos mencionado en varias ocasiones, han demostrado mejorar nuestra salud física, mantenernos activos socialmente, prevenir los brotes de demencia, crear una atmósfera en la que volver a la sociedad es algo común y revitalizante y, en general, hacer que la vida valga la pena. Es arriesgado confiar todas nuestras necesidades y responsabilidades relacionales en una sola relación, como sucede con muchos otros aspectos de la vida. Las parejas jóvenes a menudo construyen sus vidas el uno en torno al otro durante la adolescencia y la primera etapa de la edad adulta, dejando al margen la familia y los amigos durante breves períodos de tiempo. La idea de que "todo lo podemos hacer nosotros solos" de alguna manera fortalece a los jóvenes amantes, pero también corre el riesgo de alejarlos de otras personas que pueden ayudar a tomar decisiones que involucran ayuda financiera o experiencia que los jóvenes amantes no tienen. Cuando llegamos a la última etapa de la vida, esta actitud de "todo lo podemos hacer nosotros solos" se vuelve más peligrosa. Para una pareja mayor casada sin hijos, ni hermanos o amigos cercanos, enfrentar los desafíos de la vejez resulta significativamente más difícil que para una pareja mayor con una amplia gama de hijos, nietos y una amplia red de amigos.

Cómo Evitar O Resolver Malentendidos

Los malentendidos son una de las principales causas por las que una relación puede terminar. Puede ser con tu pareja, amigos, colegas o incluso tu familia. Sin embargo, es probable que puedas evitar estos malentendidos o, al menos, resolverlos de manera amistosa si te esfuerzas. Serás mucho más feliz con tu pareja cuando tu relación esté libre de malentendidos. Como resultado, he dedicado una sección del libro an este tema.

Debido a que los malentendidos son muy comunes y casi todos hemos tenido que enfrentarlos en algún momento de nuestras vidas, muy pocas personas pueden afirmar que nunca han tenido un malentendido en toda su vida. Un malentendido puede causar confusión y angustia. Puede afectar su estado mental y su relación con la persona involucrada en este malentendido. El malentendido puede ser particularmente dañino si esta persona es tu pareja. Un malentendido puede desequilibrar una relación, no importa cuán sólida sea. Muchas personas desafortunadas han perdido relaciones con sus seres queridos debido an un pequeño error. ¿Ahora comprendes cuán importantes pueden ser los malentendidos y por qué es importante evitarlos?

¿Qué es entonces un malentendido? Si examinamos la palabra en sí, veremos que es la falta de comprensión o comprensión adecuada. Esto indica que no has comprendido adecuadamente una circunstancia, un individuo o la razón detrás de sus acciones. En ocasiones, una disputa o desacuerdo también es un malentendido. Es una interpretación errónea o distorsión de la realidad. Por esta razón, los malentendidos causan que la mente de una persona tenga una impresión errónea. Un malentendido ocurre cuando interpretas incorrectamente las palabras o acciones de alguien. Puede que no sepas, pero probablemente también hayas malinterpretado a tu pareja en muchas ocasiones. Podrían haber hecho lo mismo. El inconveniente es que puede causar problemas en tu relación y es probablemente uno de los principales motivos por los que ambos terminan peleando o molestándose el uno con el otro.

La forma en que interactúas con alguien no siempre es la causa de un malentendido. También puede ser el resultado de una falta de comunicación. Lo que dices, cómo actúas, cómo te mueves o incluso todo lo que no haces puede causar malentendidos en tu relación. Por ejemplo, si no llamas a tu pareja durante todo un día, ella podría pensar que no te importa. La razón real podría ser que perdiste tu teléfono, estabas enfermo o estabas demasiado ocupado/a. En el paraíso, estos pequeños errores pueden causar problemas innecesarios. Pero en general, un malentendido no es lo mismo que una falta de comunicación. Los malentendidos pueden surgir de una sola parte o incluso de ambas.

¿Qué causa un malentendido?

Existe una variedad de circunstancias que pueden causar confusiones entre usted y su compañero. Algunos de los más comunes son:

• Algo no se transmite o explica correctamente, y la otra persona no lo entiende bien. • Las palabras se interpretan de manera incorrecta y diferente de lo que la otra persona estaba intentando transmitir.

Tienes prejuicios e ideas en tu mente que te impiden hacer una interpretación no sesgada de la situación. El comportamiento del pasado sirve como referencia y tu opinión se basa en el pasado en lugar de en el presente.

● Tus pensamientos y perspectivas son influenciados por una persona externa. Pueden cambiar tu perspectiva y confundirte.

Tienes una visión errónea de una persona o circunstancia.

No puedes comprender el contexto en el que se enmarca la cuestión.

La falta de confianza en la otra persona

Tienes sentimientos de envidia o celos.

● Existe una falta de confianza en uno mismo o en sí mismo.

Te dejas llevar por tus sentimientos.

Hay muchas otras razones por las que puede haber malentendidos entre usted y su pareja. Sin embargo, en la mayoría de los casos, ocurren cuando cualquiera de ustedes da por sentado cosas o se deja llevar por sus emociones, sin poder analizar la situación con claridad. En tales situaciones, las suposiciones que se hagan rara vez tendrán una justificación racional y serán una proyección de sus sentimientos o pensamientos.

Los malentendidos pueden ocurrir de una variedad de maneras. En la actualidad, hay más malentendidos debido al mundo virtual predominante en el que vivimos, ya que la proliferación de textos e imágenes con frecuencia hace que asumas cosas al instante. Cuando lees algo, puedes interpretarlo de manera diferente a la de la persona que lo escribió. Cuando la persona que escribe los mensajes y textos no puede expresarse claramente, la persona que lo recibe generalmente lo malinterpretará. Por esta razón, es fundamental mantener una conversación personal.

¿Cómo evitar confusiones?

Se sabe desde hace mucho tiempo que una buena comunicación es la base de una buena relación. La comunicación es crucial porque solo a través de la conversación y la apertura mutua que dos personas pueden profundizar en sus relaciones. Sin embargo, con frecuencia descubrimos que la falta de comunicación y los malentendidos pueden terminar una relación que normalmente es fuerte y alegre. Una cosa puede ser dicha y entendida desde una perspectiva completamente diferente de cómo se esperaba, y esto generalmente puede provocar peleas sin sentido que pueden aniquilar cualquier sentimiento de cercanía y amor en una relación.

Esta es la razón por la que debes esforzarse por tener una comunicación consciente con tu pareja con frecuencia. Ambos deben hacer un esfuerzo para tener conversaciones importantes que os ayuden a ser transparentes el uno con el otro. Debes asegurarte de compartir siempre lo que esté en tu corazón o en tus pensamientos. Mientras tanto, también dale a tu pareja el lugar y las oportunidades que necesita para comunicarse contigo de manera efectiva. Debe hacer todo lo posible para prestar atención activa a su pareja. Debes mantenerte concentrado y prestar atención a lo que intentan decirte. Ten en cuenta que la comunicación no se limita an expresar sus necesidades. Se trata del intercambio constante de pensamientos y emociones entre las dos personas en una relación. Tomar nota de los pensamientos y emociones de tu pareja e intentar ver las cosas desde su punto de vista es importante.

Al final, todos somos humanos y de vez en cuando cometemos errores. Está bien. Es común. Sin embargo, es crucial que hagamos nuestro mejor esfuerzo y tomemos las medidas adecuadas para corregirlos en esos casos.

Es posible que os resulte confuso y preocupante cómo abordar los malentendidos en vuestra relación si siempre habéis estado lidiando con ellos. Tal vez tu pareja te lastimó y está tratando de solucionar el problema, o tal vez te lastimó accidentalmente debido an un error. Podrás tener una relación más satisfactoria si aprendes cómo hablar con la persona que valoras y estás más consciente de la importancia de las palabras de cada uno.

Para eliminar cualquier idea errónea que controle negativamente vuestra relación, presta atención y escucha a tu pareja. Concéntrate en lo que está diciendo en lugar de simplemente esperar a que alguien deje de hablar para expresar tu punto de vista. Escuchar es una habilidad crucial para establecer y mantener relaciones positivas. Debes escuchar activamente en lugar de prestar atención a lo que dice tu pareja.

Para tener más claridad y evitar problemas más adelante, establezca expectativas comunes en su relación. Podéis poneros de acuerdo sobre los límites con respecto a las relaciones pasadas o el tipo de ambiente que queréis tener en casa, por ejemplo. Además, comprender la mejor manera de acercarse a la pareja cuando se trata de temas delicados ayuda a combatir las creencias erróneas. Serás consciente de que la mayoría de las parejas no tienen la costumbre de expresar verbalmente sus necesidades y deseos, lo que es un inconveniente.

Aunque los correos electrónicos y los mensajes son frecuentes en las relaciones, pueden causar muchos malentendidos. Cuando no puedes ver a tu pareja en persona, es difícil sentirla. En caso de que tu pareja malinterprete lo que realmente querías decir en un correo electrónico o mensaje instantáneo, asegúrate de rendir cuentas y aclararlo. Ambos deberían tomar la decisión de dejar de comunicarse por medios electrónicos si este tipo de problemas surgen con frecuencia. Si no es una opción, intente mantener tu comunicación electrónica para situaciones excepcionales y no para asuntos muy importantes. No debes involucrarte en conflictos o peleas a través de mensajes de texto o redes sociales.

Si tu pareja hace algo que te confunde o te duele, no te apresures a juzgar su comportamiento o sus palabras. Quizás había intentado decir algo distinto, pero no logró transmitirlo correctamente. Adopte el mejor de tu pareja. En lugar de reaccionar con enojo, retroceda unos pasos y piense en lo que quiso decir con esa declaración en particular. Al no emitir juicios apresurados, aclararás ideas erróneas sobre tu relación y descubrirás cómo veros el uno al otro de una manera más positiva.

Resolver confusiones

La próxima vez que surjan malentendidos en su relación, tenga en cuenta los siguientes consejos. Para evitar efectos negativos a largo plazo, es crucial abordarlos y resolverlos lo antes posible.

Trata de evitar discutir detalles insignificantes. comprométete a no pelear a no ser que sea por algo realmente importante en lugar de convertir cada pequeño problema en una montaña. Comprende que muy pocos eventos deberían llevar an una verdadera disputa. Esto no significa que aceptes las solicitudes de otra persona cuando crees que son importantes; sin embargo, debes hacer un esfuerzo por considerar la importancia del tema actual.

Realiza la práctica del reconocimiento. Cada vez que te peleas con tu pareja, intenta recordar que él está entrando en esta situación con una perspectiva y un conjunto de experiencias completamente diferentes a las tuyas. Si aún no has intentado ponerte en el lugar de tu pareja, deberías hacerlo. La única persona que realmente puede expresar sus sentimientos o pensamientos es tu pareja.

Debes cultivar la paciencia. Si no lo tienes en cuenta constantemente, es difícil recordarlo. Sea como fuere, detenerse para respirar y elegir disfrutar de una pausa y volver al problema cuando los ánimos no estén tan tensos puede ser el enfoque ideal para manejar las peleas momentáneas en la mayoría de las veces.

Mantenga las expectativas en un nivel bajo. Esto no implica que debas tener expectativas bajas. Sin embargo, es importante tener en cuenta que ambos podrían tener expectativas diferentes. Preguntar directamente a tu pareja qué espera en una situación dada es la mejor manera de abordar esto. En consecuencia, no creáis que vuestras circunstancias sean idénticas.

Imagina que os encontráis en una discusión acalorada y decidís hacer algo diferente que criticaros, sea lo que sea.

Ten en cuenta que ambos tienen la misma ambición. Sin duda, si desea una relación pacífica, ambos deben reenfocarse. Dedica tiempo a recordar la fuerte conexión que tenían entre ustedes dos. Cuando te consideras interconectado y avanza en la misma dirección, es difícil sentirte enfadado e incomprendido por alguien.

Concéntrate en el comportamiento del otro en lugar de en sus rasgos. Sin lugar a dudas, las malas palabras pueden ser muy hirientes y permanecer en la memoria durante mucho tiempo. Decide qué comportamiento del otro te molesta en lugar de lo que está mal con su identidad.

En lugar de sacar conclusiones, pregunte qué significaban sus palabras o acciones. La mayoría de las veces, tu pareja no intenta lastimarte intencionalmente; en cambio, lo hace como resultado de lo que hizo.

Recuerda que tu objetivo es resolver el problema, no ganar la batalla. lucha contra la tentación de demostrar que siempre estás en lo correcto. Ten en cuenta que resolver un problema y encontrar puntos en común es más inteligente.

Observa cómo reacciona tu pareja. Analiza su reacción después de expresar sus sentimientos sobre el impacto de sus acciones o palabras. Confía en ella si te dice que no tenía la intención de lastimarte. Depende de tu pareja.

Una vez que hayas resuelto el problema, deja el tema. Después de hablar sobre el problema, consentid mutuamente en dejarlo de lado. En teoría, la conversación terminará de una manera que ambos disfruten. Si no es así, puedes volver an intentarlo más tarde. Al elegir esta opción, considere si es importante para usted. Si optas por dejarlo pasar, haz tu mejor esfuerzo para evitar mencionarlo en futuras peleas.

Los errores pueden causar muchos problemas. Sin embargo, si los ves como oportunidades, pueden ayudarte a desarrollar una relación más estrecha y profunda.

La Comunicación Organizacional

La comunicación es una herramienta crucial para cualquier organización porque tanto la gestión efectiva como la comunicación efectiva de la gestión que se está llevando a cabo son fundamentales. Para alcanzar este objetivo, es necesario aumentar el entusiasmo, la profesionalidad, la educación y la cercanía para que los ciudadanos puedan experimentar directamente no solo lo que se está realizando, sino también la razón por la cual se está llevando a cabo.

Es importante no caer en el error de creer que solo con una buena gestión, el mensaje que se transmite debe ser asimilado por la ciudadanía sin más. Es posible que el mensaje que se está transmitiendo requiera una metodología adecuada a las circunstancias sociales actuales, en lugar de intentar seguir una rutina constante que va en contra de la realidad actual.

lo que significa
La comunicación es un proceso de ida y vuelta que requiere diálogo; hablar con la persona y no a la persona implica mantener una conversación en dos direcciones, evitar llegar a conclusiones precipitadas y cumplir con las expectativas. A la hora de plantear una comunicación eficaz, es importante tener en cuenta factores como el entorno, el carácter, la aptitud, la actitud, los hábitos y la valoración. Esto implica planificar cómo hacerlo, estar seguro de lo que se dice, verificar el impacto que la comunicación tiene en el receptor, saber escuchar y tener en cuenta siempre los sentimientos de los demás. Para lograrlo, es necesario tener fe en la comunicación.

Sus valores generales
Los siguientes principios generales deben ser considerados en todos los

procesos de comunicación de una organización:

Establecer los propósitos de la información.
Cada información que se proporcione debe ir más allá de la simple divulgación y debe transmitir la filosofía de la organización.

Definir los canales de información y los mensajes.
En cualquier momento, no todos los mensajes o canales de información son válidos para el mismo mensaje. Para aumentar la eficacia, debemos dar al mensaje el formato correcto y elegir el momento adecuado.

Debido a que cada canal tiene sus propias características y circunstancias, el formato de un mensaje no debe ser idéntico para la radio, la prensa escrita, la televisión, un grupo social y las redes sociales.

Crea una estrategia de comunicación que se adapte a la imagen que desea transmitir.

Conozca los procedimientos, los éxitos y las actividades de la organización.
No importa cuán popular sea una organización, es importante que la sociedad tenga conocimiento de sus actividades. Toda acción de comunicación debe ser utilizada para recordar lo que se está haciendo, cómo se está haciendo, los objetivos, los logros alcanzados y las tareas pendientes.

Establecer la oportunidad de acciones informativas específicas.
Hay momentos a lo largo del año que son más propensos a proporcionar información específica, a menos que la información responda an una fecha específica que no puede posponerse.

Diseñar el método apropiado para llevarlas a cabo.
La metodología varía según el público al que se dirige, la acción en la que se basa

la información (charlas, conferencias, mesas redondas, notas informativas...) y el medio de comunicación que se utiliza (radio, prensa escrita, prensa digital, página web, boletín informativo, blog, redes sociales).

Comunicación dentro
La comunicación interna permite a los miembros de una organización participar activamente en los procesos de trabajo y en las decisiones que afectan al grupo.

La comunicación interna es particularmente importante para mejorar las relaciones con los miembros de la organización y proyectar una imagen positiva en la sociedad. Es fundamental lograr una comprensión mutua para llevar a cabo proyectos de cualquier tipo.

Una estructura organizativa sólida depende de una comunicación interna fluida. Uno de sus recursos más valiosos es su capital humano, que debe mantenerse fiel y conectado.

Comunicarse con el personal
Para que cada parte de la organización se sienta involucrada y comprometida como parte de una gran familia, una buena comunicación interna proporciona espacios para que el personal pueda entenderse, enterarse y estar al tanto de las novedades de la organización, así como brindar sus propias opiniones o dudas.

La tendencia de la comunicación unidireccional, en la que todo se comunicaba a través de boletines o carteles murales, se está dejando atrás cada vez más. Se debe fomentar, en cambio, una comunicación bidireccional en la que todos los miembros de la organización, incluidos los colaboradores externos, sean escuchados y considerados.

El propósito de la comunicación interna

La construcción de la fidelización del capital humano y el fortalecimiento de su compromiso deben estar relacionados con los objetivos de la comunicación interna. Los siguientes son los pasos que se pueden seguir para crear una estrategia de comunicación interna efectiva:

Evaluar el ambiente de trabajo.
Antes de nada, es necesario examinar las relaciones actuales entre los miembros de la organización. Podremos identificar los puntos débiles que debemos mejorar y las fortalezas que debemos seguir promoviendo en función del clima que se percibe. Los objetivos de nuestro plan de comunicación no serán posibles sin una evaluación adecuada del clima de trabajo.

La asignación de responsabilidades.
La persona responsable de la comunicación debe poder motivar a los demás miembros de la organización a participar en las estrategias y procesos de comunicación.

Para que la comunicación interna no sea dejada de lado por las diferentes áreas ni recaiga únicamente en la acción de una persona o área, es esencial delegar y generar responsabilidad en otros. Es esencial identificar y confiar las responsabilidades de comunicación a los líderes de los diversos sectores, para que también estén al tanto y sean responsables.

crear mensajes.
La comunicación interna debe siempre ser la prioridad antes de pasar a la comunicación externa. La comunicación dentro de la organización debe preceder cualquier acción comunitaria hacia el exterior.

Una buena comunicación interna permite que nuestro equipo descubra todo su potencial y los involucre en todos los proyectos que se quieran llevar a cabo. Las siguientes son las claves para crear un mensaje efectivo:

simplemente para asegurar la comprensión general.
Nuevo, para generar curiosidad.
selectivo, enfocado en los hechos que realmente impulsan su comunicación.
rápidamente comunicado para eliminar el rumor.

La estrategia a seguir.
Se deben tener en cuenta tres factores al seleccionar los medios para crear y difundir el mensaje:
El contenido del mensaje
Los medios audiovisuales son adecuados en situaciones complejas y extensas, ya que permiten una narración organizada y la inclusión de gráficos.

Para estos casos, los medios escritos también son útiles siempre y cuando se tenga en cuenta el público al que se dirige y su capacidad de comprensión y lectura. El canal debe ser oral si el contenido es más social.

El perfil del destinatario.

Definir con precisión a qué grupo de personas nos dirigimos nos ayudará an elegir el soporte y el método de comunicación interna apropiados. Podemos dividir y encontrar diferentes grupos receptores para crear mensajes específicos para cada uno de ellos; mientras más homogéneos sean los grupos, la comunicación será más efectiva.

La eficacia de cada comunicación está directamente proporcional a la segmentación y definición de la audiencia.

El efecto deseado.

Los efectos prioritarios pueden incluir una mejor comprensión del contenido del mensaje.

- Evite la deformación del mensaje o la posibilidad de equívocos.
- Mantener los datos durante un largo período de tiempo.
- Evitar gastos económicos en la comunicación.

Los canales que se deben utilizar. Es posible que sean los siguientes:

El personal es el más directo, amable y eficiente, pero también el de menor alcance. Es fundamental que cada miembro tenga un grupo de compañeros y un líder referente en su área que tenga al día la información de comunicación más importante. Esta comunicación puede ser formal, en pequeñas reuniones de seguimiento, o informal, como en el café de la mañana en el lugar de trabajo.

Meetings o celebrations: estas ocasiones son muy importantes y deben ser muy aprovechadas para comunicarse.

En estos lugares, una gran parte de la organización está presente y se puede aprovechar una comunicación cercana pero personal, en la que todos los miembros de la organización deben participar activamente. Son ocasiones ideales para dar noticias, evaluaciones, bienvenida a nuevos miembros, solicitar compromiso para nuevos proyectos, etc.

Una cartelera: debemos asegurarnos de que esté en un lugar visible, y si la mantenemos actualizada, puede ser muy útil. Podemos colgar noticias, avisos, felicitaciones, etc. en este lugar.
Un truco: si desean que todos sepan, coloquen una publicidad en el baño.

El correo electrónico no solo es esencial para la comunicación individual, sino que también se puede utilizar de manera más amplia, creando un boletín informativo con noticias, imágenes y sugerencias y enviándolo an una lista de correo electrónico.

Para generar la reciprocidad en la comunicación, es bueno incluir en estos mensajes invitaciones a que el lector participe.

Las redes sociales son un lugar único porque fomentan la participación de todos los miembros de nuestra organización. Enfatizando la interacción de nuestro equipo y haciéndolos participar en nuestro perfil institucional con fotos, comentarios, compartiendo o dando "me gusta", se puede crear una auténtica comunicación horizontal.

Revistas digitales trimestrales o anuales: es muy recomendable reunir algunas notas con las novedades de la organización y publicarlas en una publicación digital.

No es necesario que el diseño sea excesivamente complejo; en cambio, se debe buscar la creación de noticias donde los mismos miembros de la organización y los destinatarios sean los protagonistas y puedan observar el progreso de su trabajo, así como el de otros campos.

Comunicación exterior

La comunicación externa se refiere a todas las operaciones de comunicación dirigidas a personas que no son parte de una empresa o institución. Estas personas pueden ser grandes audiencias, tanto directamente como a través de los periodistas, así como proveedores, accionistas, gobiernos y administraciones locales y regionales, organizaciones internacionales, etc.

Actualmente, la publicidad no es la única forma efectiva de transmitir un mensaje a la sociedad y ha pasado an una nueva etapa más creativa: la comunicación integral. Cuando hablamos de comunicación integral, nos referimos a todos los mecanismos que pueden comunicar algo dentro de la organización.

La comunicación externa debe ser continua y dinámica. Es crucial divulgar el plan anual de trabajo y informar sobre las actividades en curso. Cada acción debe tener objetivos, que ocasionalmente se logran, ocasionalmente no, y ocasionalmente se logran cosas que no se esperaban. La rendición de cuentas y la publicación del balance de la organización también son buenas prácticas de comunicación externa.

Cada cierto tiempo es conveniente hacer una reflexión sobre cómo estamos contando lo que hacemos, ver cómo lo comunicamos, cómo afecta a la sociedad y cómo se abren nuevos horizontes. También es conveniente compartir las dificultades, lo que no se logra, lo que no se ha logrado y los motivos por los que no se ha logrado. Construir confianza implica más que simplemente informar.

Además, debemos dedicar más tiempo a la redacción de informes si no registramos nuestras actividades diariamente y no utilizamos las herramientas de medición de impacto disponibles. Si no lo hacemos, perderemos la posibilidad de tener una imagen actualizada de cómo camina nuestra organización.

Incluir una cultura de transparencia y responsabilidad en una organización tiene muchos beneficios, incluida una mayor apertura, una mejor comunicación interna y una mejor organización de la información.

www.ingramcontent.com/pod-product-compliance
Lightning Source LLC
Chambersburg PA
CBHW050242120526
44590CB00016B/2189